GEORG MARKUS
Erinnerungen an Gestern

GEORG MARKUS

Erinnerungen an Gestern

Unbekanntes
Bewegendes
Amüsantes

Mit 73 Abbildungen

Amalthea
Verlag

Bleiben wir verbunden!

Besuchen Sie uns auf unserer Homepage **amalthea.at**
und abonnieren Sie unsere monatliche Verlagspost unter
amalthea.at/newsletter

Wenn Sie immer aktuell über unsere Autor:innen und
Neuerscheinungen informiert bleiben wollen, folgen
Sie uns auf Instagram oder Facebook unter
@amaltheaverlag

Sie möchten uns Feedback zu unseren Büchern geben?
Wir freuen uns auf Ihre Nachricht an **verlag@amalthea.at**

© 2023 by Amalthea Signum Verlag GmbH, Wien
Alle Rechte vorbehalten
Umschlaggestaltung: Elisabeth Pirker/OFFBEAT
Umschlagmotiv: © Pulfer/Interfoto/picturedesk.com
Lektorat: Madeleine Pichler
Herstellung und Satz: VerlagsService Dietmar Schmitz GmbH, Heimstetten
Gesetzt aus der 12,75/17,35 pt Chaparral Pro Light
Designed in Austria, printed in the EU
ISBN 978-3-99050-262-4

INHALT

DER LETZTE WILLE

ERINNERUNGEN AN KAISERS ZEITEN II

EIN LEBENSKÜNSTLER

AUS SCHLIMMEN ZEITEN

Österreich und der Rest der Welt

Erinnerungen an Kaisers Zeiten III

Aus dem Paradies der Erinnerungen

Vorwort

V on Jean Paul stammt der Satz, dass die Erinnerungen das einzige Paradies seien, aus dem wir nicht vertrieben werden können. In der Tat, Erinnerungen bleiben uns ein Leben lang, wir sollten sie daher hegen und pflegen und nicht der Vergesslichkeit überlassen. In diesem Buch finden Sie Erinnerungen an Gestern, die natürlich nicht immer paradiesisch waren – eine solche Epoche müsste erst erfunden werden.

Jeder kennt den Namen Katharina Schratt, aber kaum jemand kennt den ihres Ehemannes Nikolaus von Kiss, der die Freundschaft seiner Frau mit dem Kaiser ertragen musste. Nun vertraute mir die Familie Kiss sämtliche verfügbaren Dokumente und Erinnerungsstücke aus ihrem Archiv an. Während die Beziehung der Schratt zu Franz Joseph bisher immer aus dem Blickwinkel des Kaisers und der Schauspielerin betrachtet wurde, kann sie jetzt auch aus der des »gehörnten« Ehemannes erlebt werden. Franz Joseph war's jedenfalls lieber, wenn Kathis Ehemann außer Landes war, wie ein Brief zeigt, in dem er fragt, »ob Kiss endlich abgereist ist«.

In *Habsburger in der Schule* geht es darum, dass die jeweiligen Thronfolger eine solche gar nicht besuchen durften, weil das nicht »standesgemäß« gewesen wäre. Was dazu führte, dass manch späterer Monarch nicht über die seiner Aufgabe geschuldete Bildung verfügte, Rudolf I. war sogar Analphabet.

In mehreren Kapiteln über adelige Familien geht es um solche, deren Nachkommen es durch Film und Fernsehen zu mindestens so viel Prominenz gebracht haben wie ihre Ahnen. So war ich den Vorfahren des Schauspielers Friedrich von Thun, der Moderatoren Karl Hohenlohe und Johann-Philipp Spiegelfeld und des Regisseurs und Oscar-Preisträgers Florian Henckel von Donnersmarck auf der Spur. Alle vier Familien haben im alten Österreich bedeutende, zum Teil auch dramatische Rollen gespielt: Die Thun-Hohensteins förderten Mozart und Beethoven, ein Hohenlohe war der wichtigste Berater Kaiser Franz Josephs, die Spiegelfelds stellten einen Landeshauptmann, dessen Tochter allerdings in eine mit Mayerling vergleichbare Liebestragödie involviert war. Und ein Henckel-Donnersmarck war so reich, dass er dem Haus Habsburg das Überleben sicherte.

Durch Schiller wissen wir, dass die Nachwelt dem Mimen keine Kränze flicht. Soll heißen: Schauspieler geraten, sobald sie von der Bühne des Lebens abgetreten sind, nur allzu schnell in Vergessenheit. An einige von ihnen will ich hier – Schiller zum Trotz – erinnern. An die Volksschauspielerin Annie Rosar, die so lange an den »Führer« glaubte, bis der ihren geliebten Sohn auf dem »Feld der Ehre« in den Tod schickte. Oder an Senta Wengraf, die als Muse des »Sonnenkönigs« Bruno Kreisky eine ihrer wichtigsten Rollen spielte. Der Schauspieler Turhan Bey war ein Wiener, der in Hollywood Karriere machte. Seine Liebesaffäre mit der Filmikone Lana Turner dauerte zu kurz, um eine blutige Tragödie verhindern zu können. Sieghardt Rupp wiederum ist es gelungen, seinen eigenen Tod fast ein Jahr lang geheim zu halten.

Es ist kein Zufall, dass das Cover dieses Buches von einem Fahrrad geziert wird. Denn ein Rad spielt in einer kuriosen Geschichte eine zentrale Rolle. Es geht um ein Fahrrad, das sich auf dem Gemälde einer Schlacht des Prinzen Eugen von Savoyen befindet. Und das, obwohl es zur Zeit des Prinzen Eugen noch gar keine Fahrräder gegeben hat.

Diesem Kapitel folgt das *Interview mit einem Attentäter* – mit jenem Mann, der 1925 den Wiener Schriftsteller Hugo Bettauer erschossen und mehr als fünfzig Jahre später dem ORF dazu ein Interview gegeben hat. Ich habe für dieses Buch mithilfe des Historikers Murray G. Hall eine Abschrift aus dem Fernseharchiv ausgegraben.

Erinnerungen an Gestern liefern auch der legendäre Rechtsanwalt Michael Stern und der Modeschöpfer Fred Adlmüller, die jahrzehntelang Wiens Gerichtssäle und Laufstege beherrschten.

Testamente dokumentieren nicht nur, was von einem Menschen übrig bleibt, sondern auch, wie er zu seinen Angehörigen gestanden ist. Ob er sie als Universalerben eingesetzt, auf den Pflichtteil beschränkt oder gar enterbt hat. Schön langsam werden die Prominententestamente zu einer Serie, habe ich doch in früheren Büchern über den Letzten Willen Kaiser Franz Josephs (*Zwischen den Zeiten*), über Ludwig van Beethovens berühmtes Heiligenstädter Testament (*Es war ganz anders*), über den Nachlass des Walzerkönigs Johann Strauss (*Im Spiegel der Geschichte*), die Testamente der Kronprinzessin Stephanie (*Alles aus Neugier*) und der Hotelbesitzerin Anna Sacher (*Fundstücke*) geschrieben. Diesmal geht es um die letzten Verfügungen Maria Theresias, Max Reinhardts, Franz Lehárs, Hans Mosers und Marcel Prawys sowie um das private Erbe Wolfgang Amadeus Mozarts, der zu jung starb, um an die

Niederschrift eines Testaments zu denken. Ohne Streit ging es übrigens in den seltensten Fällen ab.

Wir kehren noch einmal zurück zu Kaisers Zeiten. In dem Kapitel *Nur einer wurde Kaiser* geht es um den lebenslangen Konflikt des österreichischen Kronprinzen Rudolf und seines preußischen Pendants Wilhelm. Kaiserin Sisi spielt in zwei Beiträgen eine bestimmende Rolle: In einem geht es um ihre rätselhafte Beziehung zum Revolutionär Gyula Graf Andrássy, im anderen um ihre Schwester Marie Sophie, die Königin beider Sizilien, die als einzige Monarchin ein uneheliches Kind zur Welt brachte.

Der Maler Franz Bueb steht im Mittelpunkt des Kapitels mit dem Untertitel *Jacqueline Kennedys österreichischer Freund*. Der Lebenskünstler war jahrzehntelang mit Amerikas First Lady und anderen glamourösen Frauen befreundet.

Ernste Themen folgen in den Erinnerungen *Aus schlimmen Zeiten:* Erinnerungen an das Zustandekommen des sogenannten »Prominententransports«, an die familiäre Tragödie des populären Quizmasters Hans Rosenthal sowie an die Entstehungsgeschichte von Charlie Chaplins berühmtem Film *Der große Diktator*. Das Kapitel *Hitlers »Edeljuden«* handelt von vier von den Nazis verfolgten Personen, die vermeintlich bevorzugt wurden.

Ein Kapitel ist Napoleons Wiener Liebesabenteuern gewidmet, ein weiteres der Rettung der Lipizzaner durch einen amerikanischen Viersternegeneral. Im Anschluss daran spielen die Kennedys noch einmal mit: Der in Amerika lebende österreichische Orthopäde Hans Kraus war der einzige Arzt, der dem US-Präsidenten im Kampf gegen seine chronischen Rückenschmerzen helfen konnte. In den USA war auch der Wiener Architekt Joseph Urban tätig, der Donald Trumps herrschaftliches Anwesen Mar-a-Lago in Palm Beach baute.

Und ein Wiener Arzt war es, der in den Vereinigten Staaten die erste Intensivstation errichtete. Danach als Kontrastprogramm: Friedrich Torbergs Tätigkeit als Geheimagent für FBI und CIA.

Abschließend erinnere ich noch einmal an Kaisers Zeiten: mit der wenig aufgearbeiteten Geschichte der Vorfahren Mary Vetseras, mit der Tragödie der österreichischen Kaiserin in Brasilien und mit den zum Teil bisher unveröffentlichten Tagebüchern der Erzherzogin Marie Valerie.

Viel Vergnügen beim Eintauchen in jene Erinnerungen, aus denen wir nicht vertrieben werden können. Ob sie nun gut waren oder schlecht.

Georg Markus
Wien, im Juli 2023

Danksagung
Mein Dank gilt in erster Linie meiner lieben Frau Daniela, die mir seit 24 Jahren zur Seite steht und eine wichtige Stütze und Ratgeberin ist.

Weiters danke ich folgenden Personen für Auskünfte und Anregungen: Herbert Kiss, Hemma Bischof, Walter Riegler, Friedrich von Thun, Karl Hohenlohe, Benedikt Spiegelfeld, Johann-Philipp Spiegelfeld, Abt Gregor Henckel-Donnersmarck, Senta Wengraf (†), Turhan Bey (†), Ernst Kieninger, Elisabeth Stocker, Wolfgang Prohaska, Peter Huemer, Michael Stern (†), Fred Adlmüller (†), Gernot Gruber, Christoph Schmetterer, Thomas Olechowski, Wolfgang

Dosch, Thomas Köpf, Heidi Artmüller (†), Bernhard Gaul, Eva Fritsch-Fialik, Andreas Gruber, Gudrun Bueb, Gerald Nestler, Hans Rosenthal (†), Otto Mayrhofer, Franz Lackner, Christian Reichhold, Martha Schad, Wolfgang von Plotho, Nino Nodia, weiters Katarzyna Lutecka, Madeleine Pichler, Xenia Hickl, Magdalena Hutter und Paul Larndorfer vom Amalthea Verlag sowie Dietmar Schmitz.

ERINNERUNGEN
AN KAISERS ZEITEN I

»Ob Kiss endlich abgereist ist«

Der Kaiser, die Schratt – und ihr »gehörnter« Ehemann

Durch eine gemeinsame Bekannte lernte ich den Wiener Universitätsprofessor Herbert Kiss kennen, seines Zeichens Arzt in dritter Generation. Er ist ein Nachfahre des ungarischen Landedelmannes Nikolaus von Kiss*, der wiederum der Ehemann der Schauspielerin Katharina Schratt war, auch in jener Zeit, als sie mit dem Kaiser ein »Pantscherl« hatte.

Hunderte Briefe hat Kaiser Franz Joseph im Lauf seiner langjährigen Beziehung an die Schratt geschrieben, die meisten sind vollinhaltlich bekannt, wurden in Geschichtsbüchern und Biografien Wort für Wort veröffentlicht. Herbert Kiss ist jedoch im Besitz eines Schreibens, das man bislang nur in Auszügen kennt. Der Monarch hatte es 1899 an die »Gnädige Frau«, wie er die Schratt nannte, geschickt.

Warum aber ist gerade dieser Brief, im Gegensatz zu all den anderen, nicht in seiner Gesamtheit an die Öffentlichkeit gelangt, warum fehlen hier einige Absätze?

Und wäre es nicht überhaupt interessant, dachte ich mir, die Geschichte einmal von der anderen Seite zu betrachten? Nicht wie

---

* Nikolaus von Kiss de Ittebe, 1852–1909

üblich aus der Sichtweise des Kaisers und der Schratt, sondern aus der des »gehörnten« Ehemannes. Herbert Kiss legte mir sämtliche Dokumente, Unterlagen und Bilder vor, die sich im Besitz seiner Familie befinden. Inklusive des bisher nur bruchstückweise bekannten Kaiser-Briefes an Katharina Schratt.

Die Familie Kiss de Ittebe entstammt einem alten Geschlecht ungarischer Großgrundbesitzer, das 1760 von Maria Theresia in den Adelsstand erhoben wurde. Die Mitglieder der Familie waren über viele Generationen treue Diener des Hauses Habsburg, doch im Jahr 1848 schloss sich der k. k. Oberst i. R. Ernő von Kiss* der Revolution an und widersetzte sich damit dem Kaiserhaus. Von den Aufständischen in den Generalsrang erhoben, stand er den Revolutionstruppen als Oberbefehlshaber vor, bis er festgenommen, vom Kaiser zum Tode verurteilt und am 6. Oktober 1849 durch Erschießung hingerichtet wurde. Die besondere Tragik im Fall Ernő von Kiss: Er soll noch begnadigt worden sein, doch die Amnestie ist zu spät eingelangt.

Franz Joseph war, als er das Urteil fällte, neunzehn Jahre alt, eben erst Kaiser geworden und stand noch unter dem Einfluss seiner herrschsüchtigen Mutter Sophie. Ihn drückte sein Leben lang das Schuldgefühl, der Exekution von Kiss und anderen Generälen zugestimmt zu haben. Zu Kaiserin Elisabeth sagte er mehrmals, wie sehr ihn der Tod der Revolutionäre bedrücken würde: »Wenn ich könnte, würde ich sie mit meinen eigenen Fingern wieder ausgraben.«

---

* Ernő von Kiss, 1799–1849

Die Amnestie kam zu spät:
Ernő von Kiss wurde irrtümlich hingerichtet.

34 Jahre später wird die junge Schauspielerin Katharina Schratt zum ersten Mal in ihrem Leben von Kaiser Franz Joseph in Audienz empfangen. Man schreibt das Jahr 1883, und sie wurde eben an das k. u. k. Hofburgtheater engagiert. Wie in solchen Fällen üblich, zitierte man sie nach Schönbrunn, um sich ihrem obersten Dienstherrn vorzustellen. Dem Kaiser gefällt die naive Befangenheit, mit der die dreißigjährige Schauspielerin vor ihm steht, doch führt dieser »Auftritt« noch keineswegs zu der späterhin so innigen Verbindung.

Wenige Wochen nach dieser ersten unspektakulären Audienz ersucht die Schratt um einen weiteren Termin beim Kaiser. Sie ist seit vier Jahren mit Nikolaus von Kiss – dem Neffen des hingerich-

teten Revolutionsgenerals – verheiratet, mit dem sie einen drei
Jahre alten Sohn* hat. Die Ehe existiert praktisch nur auf dem
Papier, schon weil sich Kiss als k. k. Konsul in Tunis, Buenos Aires,
Barcelona und Algier aufhält, kaum jedoch in Wien. Abgesehen
davon haben die beiden ganz unterschiedliche Interessen und sind
in ihrer Lebensweise völlig konträr.

Dabei hatte alles so romantisch begonnen. Der um ein Jahr ältere
Kiss war einer von vielen, die sich um die damals schon bekannte
Schauspielerin bemühten, er war ein Herr vom Scheitel bis zur
Sohle, in den man sich leicht verlieben konnte. Auch oder vielleicht
gerade wenn man aus eher einfachen bürgerlichen Verhältnissen
stammte wie die Schratt – ihr Vater hatte eine kleine Papierwaren-
handlung in Baden bei Wien.

»Der Onkel Nikolaus war ein echter Grandseigneur«, erzählte mir
die neunzigjährige Schratt-Nichte Katharina Hryntschak im
Jahr 1982, als ich eine Biografie über ihre Tante Katharina Schratt
schrieb. »Wenn er bei der Tür hereingekommen ist, braun gebrannt
mit einem Monokel im Aug, hat man geglaubt, er ist ein Pascha –
wie aus dem Bilderbuch. Er konnte seine Herkunft aus dem Banat,
wo seine Familie riesige Ländereien besessen hat, nicht leugnen.«

Doch auch wenn's mit der großen Liebe bald vorbei war, fühlt die
Schratt sich seiner Familie gegenüber verpflichtet. Und diese hat
mit dem Kaiserhaus noch eine Rechnung offen. Franz Joseph hatte
sich nach dem Österreichisch-Ungarischen Ausgleich im Jahr 1867
bereit erklärt, die eingezogenen Vermögen der hingerichteten
Revolutionsoffiziere an deren Erben auszuzahlen. Das galt auch im
Fall Kiss. Doch die in finanziellen Fragen leichtfertigen Mitglieder

---

* Anton »Toni« von Kiss, 1880–1970

»Ein echter Grandseigneur«:
Nikolaus von Kiss und Ehefrau Katharina Schratt

der Familie hatten das aus beachtlichen Gütern bestehende Vermögen längst wieder verloren, ja die meisten von ihnen – einschließlich der Schratt und ihres Mannes – waren dank ihres aufwendigen Lebensstils chronisch verschuldet.

Die Familie Kiss brauchte also dringend Geld. Und das war der Grund für Katharina Schratts zweite Audienz beim Kaiser. Sie ging zu ihm, um die Erträge einzufordern, die der Familie zwischen Beschlagnahme der Güter im Jahr 1848 und deren Retournierung 1867 entgangen waren.

Der Kaiser hört sich ruhig an, was die junge Frau vorträgt, doch die Familie Kiss sollte das eingeforderte Geld nie erhalten, da die Ungarn der Meinung waren, dass es unstatthaft sei, »eine Familie, die infolge Leichtsinns zugrunde gegangen ist, aus staatlichen Mitteln wieder aufzurichten«.

Noch fehlt die schützende Hand des Kaisers.

Nach dieser zweiten Audienz vergingen drei weitere Jahre, bis die Schratt und Franz Joseph einander wieder sahen und endlich nahe-kamen. Es war Kaiserin Elisabeth, die diese Freundschaft in die Wege leitete, als sie den Maler Heinrich von Angeli beauftragte, ein Porträt der Schratt anzufertigen, das sie dem Kaiser schenken wollte. Geschickt verstand es Elisabeth, der in Theatervorstellungen aufgefallen war, dass die Schratt ihrem Mann gefiel, ein Treffen Franz Josephs mit der Schauspielerin in Angelis Atelier einzufädeln. Das war am 21. Mai 1886, und von diesem Tage an blieben Kaiser und Schauspielerin in ständigem Kontakt.

Elisabeths Plan war es, Franz Joseph in guten Händen zu wissen, während sie sich, permanent auf Reisen, nicht um ihn kümmern konnte. Tatsächlich entstand eine tiefe Freundschaft, die der Kaiser selbst in seinen Briefen an die Schratt als »innigste Liebe« bezeich-nete, und die – bis auf eine einjährige Unterbrechung[*] – dreißig Jahre, bis zu seinem Tod, andauerte.

Die Freundschaft des ungleichen Paares überstand auch die bei-den schlimmsten persönlichen Schicksalsschläge, die der Kaiser zu erleiden hatte: den Tod seines Sohnes Rudolf in Mayerling im Jänner 1889 und die Ermordung seiner Frau Elisabeth in Genf im September 1898.

Die Ehe der Schratt mit Nikolaus von Kiss blieb in all den Jahr-zehnten aufrecht, auch wenn wir aus gesicherten Quellen wissen – die Korrespondenzen sind vorhanden –, dass die Schauspielerin abgesehen vom Kaiser in dieser Zeit auch Beziehungen mit drei weiteren Herren hatte: mit dem Gutsherrn Hans Graf Wilczek, mit

---

[*] Siehe das Kapitel über die Tagebücher der Erzherzogin Marie Valerie auf den Seiten 245–271

nend ist für die schlichte Art und Schreibweise des Monarchen – wie in Franz Josephs Korrespondenz überhaupt fast nie tiefergehende oder gar intellektuelle Gedanken aufscheinen. Er erzählt meist simple Alltagsgeschichten, wie sie oft auch ganz einfache Bürgersleute erleben.

So kommt der Kaiser in dem Brief aus dem Kiss-Nachlass auf eine Schulprüfung des Schratt-Sohnes Toni zu sprechen, er sorgt sich um einen Wespenstich der geliebten Schauspielerin, schreibt über den bevorstehenden ersten Todestag der Kaiserin Elisabeth, über das Wetter und die Vegetation in Ischl, vom Eintreffen seines Friseurs, seinem frugalen Abendmahl und über Umbauarbeiten in der Hofburg. Gefühl zeigt er nur in der Abschiedsfloskel »von Ihrem, Sie innigst liebenden Franz Joseph«.

Und ein wenig Dreistigkeit ist dem Halbsatz zu entnehmen, »ob Kiss* endlich abgereist ist, vergaß ich zu fragen, ich hoffe es aber«.

Die Historikerin Brigitte Hamann hat 1992 die Briefe Kaiser Franz Josephs an Katharina Schratt als Buch herausgegeben, in dem sie die verfügbare Korrespondenz des Monarchen an die Schauspielerin minutiös wiedergibt. Doch ausgerechnet der Absatz mit den Worten »ob Kiss endlich abgereist ist, vergaß ich zu fragen, ich hoffe es aber« – ausgerechnet dieser Absatz fehlt.

Über den Brief oder eine Kopie davon muss Hamann verfügt haben, da sie eine andere Stelle daraus zitiert. Die Elisabeth-Biografin zeigt sich hier entgegen anderen Teilen der Korrespondenz von ihrer diskreten Seite, was wohl daran lag, dass sie im Gegensatz zu anderen Historikern die Ansicht vertrat, der Kaiser und die Schratt hätten keine Liebesbeziehung, sondern lediglich eine platonische

---

* Gemeint ist der Schratt-Ehemann Nikolaus von Kiss.

Freundschaft unterhalten. Der Halbsatz »ob Kiss endlich abgereist
ist, vergaß ich zu fragen, ich hoffe es aber« zeigt jedoch, wie eifersüchtig der Kaiser auf Schratts Ehemann reagierte – und Eifersucht
passte so gar nicht ins Konzept einer platonischen Liebe. Hat die
angesehene und verdienstvolle Historikerin Brigitte Hamann den
Absatz deshalb weggelassen?

Das jedenfalls ist der erstmals abgedruckte komplette Brief des
Kaisers an die Schratt aus dem Besitz der Familie Kiss, den sie mir
für dieses Buch zur Verfügung stellte:

Schönbrunn den 7. September 1899
Meine liebe gute Freundin, wieder habe ich für einen lieben
Brief und für ein Telegramm innigst zu danken, welches mir
abermals ein Schreiben ankündigt, das ich heute zu erhalten
hoffe. So viel Fleiß, trotz Kur, Nerven und Müdigkeit ist rüh-
rend und unendlich anerkennenswerth. Ihren lieben Brief vom
4. hat mir vorgestern Vormittag Netti* persönlich gebracht,
ich ließ sie zu mir kommen und erfuhr von ihr, daß Toni bereits
in der Gloriette Gasse weilt, um sich für die Prüfung vorzube-
reiten, ob Kiss endlich abgereist ist, vergaß ich zu fragen, ich
hoffe es aber.
Sie schreiben mir fast nur von Scheusal, Oberengel, sogar Erz-
engel, aber nichts vom Wespenstiche und seinen Folgen, was
mich viel mehr interessirt hätte, als wie Ihre Selbstanklagen
und die Verherrlichung meiner altersschwachen Person.
Daß Sie oft an unsere Verklärte** denken, ist so gut von Ihnen

---

*   Netti Schütz, Jugendfreundin und Gesellschafterin von Katharina Schratt
** So nannte Franz Joseph Kaiserin Elisabeth, die ein Jahr davor, am 10. Septem-
     ber 1898, in Genf ermordet worden war.

und ich danke Ihnen. Am 10. werde ich mit Gisela meine Andacht verrichten und dann werden Sie mich um 8 Uhr in Gedanken in die Gruft begleiten. Von Ischl habe ich beruhigende Nachrichten und ich denke, daß Valérie bald nach Wallsee übersiedeln wird. Aber außer Ella waren auch die beiden Buben unwohl, aber in viel geringerem Grade, nur Hedwig blieb ganz wohl. Jetzt haben wir hier sehr warmes, schönes Wetter. Besonders gestern Abend war es sehr schwül und jetzt, 5 Uhr Früh, sind schon 14 °. Ich war noch gar nicht im Garten, aber so viel ich aus meinem Fenster und bei meinen Fahrten sehe, ist die Vegetation im Vergleiche mit dem noch so frisch grünen Ischl, schon recht vertrocknet, dürr und gelb.

Vorgestern war Minister Präsident v. Széll* um 9 Uhr hier bei mir, um 10 Uhr kam mein Friseur, den ich aus Ischl hatte kommen lassen und um ½ 12 Uhr machte ich in russischer Uniform der alten Großfürstin im Hofwartesalon des Westbahnhofes meine Aufwartung. Sie ist gerade so alt wie ich, ich muß aber selbst zugeben, daß ich weniger alt aussehe wie sie. Sie schwätzte unaufhörlich, und war eigentlich rührend. Bald darauf machte sie mir hier eine Visite, von welcher sie sich nicht hatte abbringen lassen, welche aber zum Glücke nicht zu lange ausfiel.

Dann war noch Minister von Kállay** bei mir, um 3 Uhr speiste ich allein und Abends nahm ich, so wie in Ischl, sauere und süße Milch.

---

*   Kálmán von Széll, 1843–1915, ungarischer Regierungschef von 1899 bis 1903
** Benjámin von Kállay, 1839–1903, von 1882–1903 Reichsfinanzminister Österreich-Ungarns

»Ob Kiss endlich abgereist ist«:
Anfang und Ende des Briefes Kaiser Franz Josephs an Katharina Schratt
vom 7. September 1899 aus dem Besitz der Familie Kiss

Gestern bin ich um 6 Uhr Früh vom Franz Joseph Bahnhofe nach Hötzelsdorf bei Horn gefahren, wo die Reitpferde warteten. Ich wohnte einem besonders gelungenen Manöver des Wiener Armeekorps bei, welches bis 11 Uhr dauerte. Trotz der Hitze hielten die Truppen sehr gut aus.
Um 2 Uhr war ich wieder hier und speiste allein um 4 Uhr.
Heute bleibe ich hier und erst morgen werde ich zum ersten Male in die Burg fahren, wo ich die provisorische Wohnung mit der Aussicht auf den äußeren Burgplatz benützen werde, da in meiner persönlichen Wohnung noch gearbeitet wird.
So, jetzt bin ich mit meinem Berichte fertig, daher Adieu, theuerste Freundin und herzlichste Grüße von Ihrem, Sie innigst liebenden Franz Joseph

Die Formulierung »ob Kiss endlich abgereist ist« zeigt die zeitweise Präsenz des Schratt-Gemahls in Wien und dass dieser in ihrem Leben doch eine bedeutendere Rolle spielte als bisher angenommen. Und sie zeigt die erwähnte Eifersucht des Kaisers.

Anton von Kiss litt unter dem Verhältnis seiner Mutter zum Kaiser. Nicht nur, dass er von seinen Mitschülern ständig auf Ähnlichkeiten mit Franz Joseph unter die Lupe genommen wurde, bekam er auch einen anonymen Brief mit diffamierenden Äußerungen, die einen ziemlichen Schock in ihm auslösten.

Toni maturierte im Wiener Elitegymnasium Theresianum, war verheiratet, wurde wie sein Vater in den diplomatischen Dienst aufgenommen und brachte es zum Attaché beziehungsweise Legationsrat in Konstantinopel, Stockholm und Brüssel.

Obwohl Kaiser Franz Joseph ihm die *Baronie ad personam* verlieh, riet Toni Kiss seiner Mutter mehrmals eindringlich, ihre Liaison mit dem Monarchen zu beenden, wohl weil er davon ausging, dass es seiner diplomatischen Karriere schaden würde, Sohn einer Mätresse zu sein. Doch die Schratt blieb dem Kaiser innigst verbunden.

In meiner Schratt-Biografie aus dem Jahre 1982 gehe ich auf die mir nicht nur aus Kirchenkreisen mehrfach zugespielte Vermutung ein, dass Kaiser Franz Joseph und Katharina Schratt, nachdem beide verwitwet waren, in der Andreaskapelle des Erzbischöflichen Palais zu Wien eine »Gewissensehe«* eingegangen seien.

Den ersten diesbezüglichen Hinweis gab mir der Politologe Norbert Leser, dessen Lehrer August Maria Knoll am 30. Juni 1934 Trauzeuge einer anderen Gewissenshochzeit – zwischen Edeltraut Dobrucka und dem Medizinstudenten Otto Wagner – gewesen war. Als der Priester das Trauungsbuch, in dem Geheimehen eingetragen wurden, aufschlug, konnten sowohl Knoll als auch das Trauungspaar klar und deutlich die vor ihnen gereihte Eintragung lesen: »Franz Joseph von Habsburg-Lothringen und Katharina Kiss de Ittebe geb. Schratt«.

Alle drei Zeugen dieser Eintragung waren zu dem Zeitpunkt, als ich das Schratt-Buch schrieb, bereits tot. Doch sie hatten zu ihren Lebzeiten mehreren, ihnen nahestehenden Personen von ihrer Beobachtung berichtet: August Maria Knoll seinen Söhnen Reinhold, Norbert und Wolfgang und seinem Schüler Norbert Leser.

Der Ehe Otto Wagner – Edeltraut Dobrucka entsprangen drei Kinder: Otto Wagner jun. war Oberarzt der Ersten Chirurgischen

---

* Die Gewissensehe (matrimonium conscientiae) ist laut katholischem Kirchenrecht »die Ehe, die wohl in der ordentlichen Form (also vor Gott, Anm.), aber ohne Verkündigung geschlossen und geheim gehalten wird«.

31

Universitätsklinik, seine Schwestern Edeltraud Lothaller Zahnärz-
tin und Barbara Binder-Kriegelstein Gymnasialprofessorin in Wien.
Alle drei bestätigten in eidesstattlichen Erklärungen, »dass unsere
Eltern am Tag ihrer Eheschließung die Eintragung im Trauungsbuch
gesehen haben. Sowohl unser Vater als auch unsere Mutter haben
mehrmals davon gesprochen und empfanden es als begrüßenswer-
ten Zug des Kaisers, Frau Schratt geheiratet zu haben.«

Otto Wagner jun. war mit der Familie Kiss bekannt und hat dieser
mehrmals von der überlieferten Eintragung im Trauungsbuch
erzählt. »Professor Wagner war absolut seriös und zu hundert Prozent zuverlässig«, sagt Herbert Kiss' Vater Gerald Kiss, »ich kann
somit ausschließen, dass er diese Geschichte erfunden hat. So
gesehen erscheint uns die Möglichkeit einer Geheimhochzeit des
Kaisers mit Katharina Schratt durchaus glaubwürdig.«

Als Katharina Schratt am 17. April 1940 mit 86 Jahren starb, erbte
ihr Sohn Toni die Villa in der Gloriettegasse und das Palais am
Kärntner Ring, die er in der Folge verkaufen musste, da er wie die
meisten seiner Vorfahren auf allzu großem Fuß gelebt hatte. In
seinem Nachlass verblieben der von Maria Theresia eigenhändig
unterschriebene Adelsbrief, das Service, die Trinkgläser und das
Silberbesteck, mit denen Franz Joseph sein Frühstück und den
berühmten Guglhupf der Schratt einnahm, sowie die Briefe des
Kaisers und einige Bilder der Ahnengalerie. Als Toni 1970 kinderlos
starb, erbte seine Wirtschafterin des Kaisers Briefe, die sie an die
Österreichische Nationalbibliothek verkaufte. Bis auf den einen mit
dem Halbsatz »ob Kiss endlich abgereist ist, vergaß ich zu fragen,
ich hoffe es aber«.

Diesen Brief übergab sie nebst Geschirr, Besteck und Bildern dem damaligen Familienoberhaupt Emil Kiss, wodurch sich diese Gegenstände heute im Besitz von dessen Enkel Herbert Kiss befinden.

Habsburger in der Schule
Unterricht nur von Privatlehrern

Als ich einmal gefragt wurde, wie die Habsburger in der Schule waren, antwortete ich wahrheitsgemäß: »Sie waren überhaupt nicht in der Schule!« Fast alle Erzherzöge und die späteren Monarchen erhielten ihren Unterricht von Privatlehrern.

Es war undenkbar, dass ein Thronfolger mit »gewöhnlichen Kindern« die Schulbank drückte, die Mitglieder des Hauses Habsburg lebten vom ersten Tag ihres Lebens an unter einem Glassturz. Was ihre individuelle Ausbildung betraf, hing diese sehr stark von der Qualität ihrer Lehrer ab, und da gab es hervorragende, aber auch solche, die keine Scheu hatten, hochgeborene Schüler zur Strafe stundenlang einzusperren.

Bei den »hohen Töchtern« legte man zwar Wert auf gutes Auftreten, jede weitere Ausbildung wurde aber meist vernachlässigt, da von vornherein feststand, dass Frauen im politischen Leben keine bedeutsamen Rollen spielen würden. »Nie kannte sie sich in der Grammatik aus«, schreibt Irmgard Schiel in ihrer Biografie über die österreichische Erzherzogin Marie Louise, die spätere Frau Napoleons. »Sie verwechselte regelmäßig den Dativ mit dem Akkusativ

(›in diesen Augenblick‹), sie schrieb ›ich wir‹ statt ›ich werde‹ und verwechselte ›daß‹ mit ›das‹ und ›wahr‹ mit ›war‹...«

Wie es um die Bildung in der Frühzeit des Hauses Habsburg bestellt war, erkennt man daran, dass dessen Stammvater, Rudolf I., Analphabet war, weshalb ihm in seiner Regentschaft von 1273 bis 1291 sämtliche Texte vorgelesen werden mussten.

In den folgenden Jahrhunderten besserte sich der Wissensstand im Kaiserhaus, Maria Theresia genoss eine erstklassige Ausbildung – wenn auch ohne auf ihre Rolle als Regentin vorbereitet zu werden. Sie selbst erkannte später, wie wichtig Bildung ist, überwachte die Erziehung ihrer sechzehn Kinder persönlich und führte die Schulpflicht für ihre Untertanen ein.

Maria Theresia, hier als elfjährige Erzherzogin, genoss eine erstklassige Ausbildung, ohne jedoch auf ihre Rolle als Regentin vorbereitet zu werden.

Doch der Unterricht von Angehörigen des Hofs blieb weiterhin privaten Pädagogen vorbehalten, da eine »Mischung« mit dem Volk ausgeschlossen war.

Auch der spätere Kaiser Franz Joseph wurde
ausschließlich von Privatlehrern unterrichtet.

Beim späteren Kaiser Franz Joseph wurde – wie seine bis heute aufbewahrte »Stunden-Eintheilung« zeigt – schon im Volksschulalter auf breite Bildung geachtet. Man lehrte den Sechsjährigen Geografie und Religion, Deutsch, Französisch und Ungarisch, später kamen Latein, Griechisch, Tschechisch, Italienisch und Polnisch hinzu, da der künftige Monarch die Sprachen seiner Völker beherrschen sollte. Weitere Fächer waren Mathematik, Physik und Geschichte. Die Angehörigen des Kaiserhauses wurden zwar von ihren Lehrern geprüft, Benotungen im herkömmlichen Sinn gab es aber nur in seltenen Fällen.

Viel wichtiger war die soldatische Ausbildung der Erzherzöge, die schon im Kindesalter Militärkunde, Exerzieren und den Umgang mit Waffen über sich ergehen lassen mussten. So kam es, dass Franz Joseph mit dreizehn Jahren Oberst war und sein Sohn Rudolf sogar schon am zweiten Tag (!) seines Lebens.

Während Franz Joseph mit seiner Ausbildung zufrieden war, zeigte sich Rudolf – dem bis zu fünfzig Privatlehrer zur Seite standen – unglücklich darüber, keine Schulen und Universitäten besuchen zu dürfen, zumal er sich für Naturwissenschaften begeisterte und gerne mehr über die Tier- und Pflanzenwelt erfahren hätte. Im konservativen Denken seines Vaters war der Besuch einer Mittel- oder Hochschule jedoch »nicht standesgemäß«.

Rudolfs jüngste Schwester Marie Valerie hinterließ uns in ihrem Tagebuch*, wie der »schulische« Alltag einer elfjährigen Erzherzogin verlief:

Zwischen ½ 8 und 8 Uhr Aufstehen, Frühstück, um 9 Uhr kommt der Bischof (Religionsunterricht, Anm.) … von 10 bis 11 spreche ich französisch, um 11 (wieder Religion, Anm). Um 12 ziehe ich mich zum Ausfahren an oder wenn wir nicht ausfahren freie Zeit für mein Tagebuch oder Le journal de Marguerite oder was immer, am liebsten deklamiere ich z. B. Die Bürgschaft, Graf von Habsburg, beides von Schiller. Um 2 Uhr habe ich ½ Stunde Rechnen, um 3 Uhr speisen wir, danach

---

* Siehe das Kapitel über die Tagebücher der Erzherzogin Marie Valerie auf den Seiten 245–271

spreche ich bis gegen ½ 6 Englisch, dann folgt die Klavier-stunde, dann ist die englische oder französische Lektion. Um ½ 7 Uhr … Tanzstunde bis 7 Uhr, da ist Souper … Nach ½ 8 kommt Papa bis 8 Uhr. Da gehe ich ins Bett.

Erst dem späteren Kaiser Karl I. war es als erstem (und letztem) Erzherzog erlaubt, zwei Jahre lang den öffentlichen Unterricht des Wiener Schottengymnasiums zu erleben, in dem er seine Abschluss-prüfungen über den Lehrplan der Mittelstufe mit gutem Erfolg ablegte.

Kaiser Franz Josephs Onkel und Vorgänger, Kaiser Ferdinand I., genannt »der Gütige«, galt als geistesschwach und bot wohl einen der Gründe, warum die Prüfungen der Erzherzöge kaum je benotet wurden. Natürlich machte man sich in der Bevölkerung über das unterschiedliche Intelligenz- und Bildungsniveau im Haus Habs-burg lustig, wie das – von Friedrich Torberg in der *Tante Jolesch* überlieferte – Spiel *Der Erzherzog wird geprüft* zeigt:

Zwei Personen treten an, eine übernimmt die Rolle des prüfen-den Professors, der sich für den hochgeborenen Prüfling eine so leichte Frage ausdenken muss, dass sie selbst von einem zurückgebliebenen Kleinkind unmöglich falsch beantwortet werden kann. Der Prüfling steht dann vor der schwierigen Auf-gabe, dennoch eine falsche Antwort zu geben, und der Lehrer vor der noch schwierigeren, diese Antwort nicht nur als richtig anzuerkennen, sondern auch zu begründen, warum sie es ist. Gelingt ihm das nicht, hat er verloren.
»Kaiserliche Hoheit, wie lange dauerte der Dreißigjährige Krieg?«
»Sieben Jahre!«

»Richtig! Damals wurde ja bei Nacht nicht gekämpft, womit bereits mehr als die Hälfte der Kriegszeit wegfällt. Auch an Sonn- und Feiertagen herrschte Waffenruhe, was abermals eine ansehnliche Summe ergibt. Und wenn wir jetzt noch die historisch belegten Unterbrechungen und Verhandlungspausen einrechnen, gelangen wir zu einer Kriegsdauer von genau sieben Jahren. Ich gratuliere!«

Eine vom prüfenden Lehrer verlorene Runde begann mit der Frage: »Wie heißt unser Kaiser Franz Joseph?« Die ebenso prompte wie rätselhafte Antwort »Quarz!« begrüßte der Professor noch mit dem vorgeschriebenen »Richtig!«, er konnte aber ihre Richtigkeit nicht mehr beweisen. Der Erzherzog hatte gewonnen.

Man kann dem Erzherzogspiel ein hohes Maß an Originalität nicht absprechen, es wäre aber ungerecht, die Habsburger allesamt als bildungsfern zu bezeichnen.

Genauso schön wie die Kaiserin
Skandale um Sisis Schwester

Dass die Männer in den kaiserlichen und königlichen Häusern ihre Mätressen hatten, war eine Selbstverständlichkeit, wurde jedoch eine weibliche Angehörige bei einem Seitensprung erwischt, war die Hölle los. So geschehen bei Marie Sophie, der um vier Jahre jüngeren Schwester der Kaiserin Elisabeth.

Marie Sophie sah Sisi verblüffend ähnlich, war um nichts weniger schön und wurde wie diese mit siebzehn Jahren verheiratet. Doch als die Prinzessin ihren Mann nach der Hochzeit (!) zum ersten Mal sah, war sie entsetzt. Sie hatte ihn bis dahin, wie das damals sehr oft der Fall war, nur von einem geschönten Bild gekannt.

Der mittels Ferntrauung mit ihr vermählte Kronprinz Franz von Sizilien war sowohl geistig als auch körperlich – wie Wohlmeinende sagten – äußerst schwächlich. Jeglicher Protest war freilich zwecklos, weil Franz trotz allem das war, was man eine »glänzende Partie« nannte, denn sein Vater war der König beider Sizilien. Dieser starb auch bald nach der Hochzeit, worauf Franz den Thron bestieg und die aus dem bayerischen Hause Wittelsbach stammende, als klug, humorvoll und fantasiebegabt beschriebene Marie Sophie Königin wurde. Nur darum ging's, von Liebe war natürlich keine Spur.

Von Liebe war natürlich keine Spur: Sisis Schwester Marie Sophie, die Königin beider Sizilien

Da ihr Mann – nebenbei auch von einem religiösen Wahn besessen – als neuer Bourbonen-König Franz II. regierungsunfähig war, hielt seine Stiefmutter Maria Theresia von Habsburg die tatsächliche Macht in Händen. Allerdings nicht sehr lange, denn im Mai 1860 wurde Sizilien, um Teil eines künftigen italienischen Nationalstaates zu werden, von den Truppen des Freiheitskämpfers Giuseppe Garibaldi überfallen. Königin Marie Sophie flehte ihre Schwester Elisabeth und ihren Schwager Franz Joseph in Wien um militärische Unterstützung an, doch der Kaiser ignorierte die Hilferufe, und das Herrscherpaar von Neapel-Sizilien musste die Flucht antreten.

Zunächst zur Festung Gaeta, in der Marie Sophie – als Soldatin mit einem Gewehr bewaffnet – höchstpersönlich an Kämpfen teilnahm und Verwundete versorgte, womit sie sich im In- und Ausland als Nationalheldin etablierte. Doch die Revolutionäre waren in der Übermacht, und der König musste am 13. Februar 1861 kapitulieren und samt Gemahlin in den Vatikan ins Exil ziehen, wo ihnen Papst Pius IX. eine Wohnung zur Verfügung stellte – inklusive Bewachung durch die päpstliche Leibgarde.

Und genau die sollte Marie Sophie zum Verhängnis werden, denn als die Königin in Rom schwanger wurde, stand fest, dass ihr Mann aus gesundheitlichen Gründen nicht der Vater sein konnte. Und so dauerte es nicht lange, bis sich das Gerücht verbreitete, dass das Kind vom belgischen Leibgardisten Graf Armand de Lavaÿss stammen würde, aber auch andere Offiziere der päpstlichen Wachmannschaft waren diesbezüglich im Gerede. Wie auch immer, es war einer der größten Skandale der damaligen Zeit: Eine Königin, die ein uneheliches Kind erwartete, hatte es bis dahin nicht gegeben. Vor allem italienische Zeitungen berichteten genussvoll über den Fall.

Die Wiener Historikerin Brigitte Sokop fand mehr als hundert Jahre später heraus, dass es im Vatikan einen Grafen Lavaÿss nie gegeben hat, was aber – denn das Kind war unzweifelhaft unterwegs – nichts an dem Skandal ändern konnte. Um ihn möglichst diskret zu behandeln, reiste Königin Marie Sophie inkognito als Comtesse de Castra und unter dem Vorwand, erkrankt zu sein, zu ihren Eltern nach Bayern, wo sie den Großteil ihrer Schwangerschaft verbrachte.

Die Ex-Königin war sich ihrer prekären Situation durchaus bewusst, soll sie doch einmal ausgerufen haben: »Ach, hätte mich damals in Gaeta nur eine Kugel getroffen!« In einem Brief an ihren Cousin, König Maximilian II. von Bayern, erklärte Marie Sophie, dass sie den Rest ihres Lebens in einem Kloster verbringen wolle.

So weit ging sie dann doch nicht, aber immerhin brachte sie ihre Tochter Daisy im Ursulinenkloster in Augsburg zur Welt. Das illegitime Kind wurde nach der Geburt im November 1862 zu Pflegeeltern, dem gräflichen Ehepaar de Gineste auf Schloss Garrevaques in Frankreich, abgeschoben.

Doch das war nicht der einzige Skandal, in den Marie Sophie verwickelt war. Die Ex-Königin rauchte in aller Öffentlichkeit Zigarillos und wurde dabei beobachtet, wie sie nackt im Meer badete. Auch wurden Fotos von ihr in unbekleidetem Zustand verbreitet – die sich jedoch als Fälschungen erweisen sollten.

Während Marie Sophie in dieser »Skandalzeit« von ihrem Mann getrennt lebte, fand das ungleiche Paar später zueinander. Die Ex-Königin gestand ihm den »Fehltritt«, und er verzieh ihr, mehr noch: Franz unterzog sich einer Operation, die ihm die Manneskraft schenkte. Also brachte seine Frau im Dezember 1869 ihre zweite Tochter, diesmal vom Gemahl, zur Welt, die aber nach nur drei

Monaten starb. Später verließ das ehemalige Königspaar Italien und ließ sich in Frankreich nieder.

Obwohl Kaiserin Elisabeth ihrer Schwester während der Revolution in Sizilien zu keinerlei Unterstützung verholfen hatte, standen die beiden in enger Beziehung zueinander. Es war daher naheliegend, dass Sisi die Ex-Königin auf ihrem Jagdschloss in England besuchte. Doch dort sollte es zum Bruch kommen. Der Grund für den Konflikt war ein neuerlicher Skandal: Marie Sophie erzählte dem Kronprinzen Rudolf bei der erstbesten Gelegenheit, dass seine Mutter ein Verhältnis mit ihrem britischen Reitlehrer Captain Bay Middleton hatte. Das verzieh Elisabeth ihrer Schwester nie, der Kontakt brach ab und wurde nicht wieder aufgenommen.

Ein außereheliches Verhältnis durfte keiner anderen als Marie Sophie nachgesagt werden. Die letzte Königin beider Sizilien starb 1925 in München im Alter von 83 Jahren. Ihren Mann hat sie um mehr als dreißig Jahre überlebt.

PS: Wahr ist, dass Elisabeth zu ihrem Reitlehrer Middleton eine innige Beziehung entwickelte. Als der charismatische Reiter 1882 heiratete und die Kaiserin – wegen seiner eifersüchtigen Frau – nicht mehr begleiten durfte, gab Sisi über Nacht den Reitsport auf, da er ihr ohne ihn keinen Spaß mehr machte. Middleton starb mit 46 Jahren bei einem Reitunfall.

Alter und neuer Adel

Die Ahnen des Herrn von Thun
Zur Familiengeschichte des Schauspielers

Der Schauspieler Friedrich von Thun entstammt einer bis ins 12. Jahrhundert nachweisbaren Dynastie von Fürsten und Grafen, die in der Donaumonarchie Ministerpräsidenten, Kardinäle, Diplomaten und Großgrundbesitzer stellte. Die Familie Thun-Hohenstein kommt ursprünglich aus Südtirol und spaltete sich in drei Linien, wobei Friedrich von Thun der österreichisch-böhmischen angehört, die bis 1945 im prunkvollen Schloss Tetschen-Bodenbach residierte.

Zwei Thun-Hohensteins prägten als Salzburger Fürsterzbischöfe maßgeblich das Bild der prunkvollen Barockstadt, indem sie die Türme des Doms, den Brunnen am Residenzplatz, die Winterreitschule, die Kollegien-, die Ursulinen- und die Dreifaltigkeitskirche sowie Schloss Kleßheim errichten ließen.

Darüber hinaus zählte die Familie zu den bedeutenden Mäzenen, so widmete Mozart seine *Linzer Symphonie* dem Grafen Johann Thun-Hohenstein (1711–1788), in dessen Linzer, Wiener und Prager Palais er auch auftrat. Dessen Schwiegertochter Maria Wilhelmine Gräfin Thun-Hohenstein (1744–1800) ging überhaupt als Mozarts wichtigste Förderin in die Musikgeschichte ein. Sie verhalf dem Genie durch ihre Kontakte zum Wiener Hof dazu, dass *Die Entfüh-*

rung aus dem Serail am Burgtheater uraufgeführt wurde. Mozart nennt Maria Wilhelmine in einem Brief an seinen Vater Leopold »die charmanteste und liebenswerteste Dame, die ich je getroffen«. Die Gräfin war selbst eine begabte Musikerin, ihr Lehrer soll Joseph Haydn gewesen sein.

Ein weiterer Thun zählte zu den Mäzenen Beethovens, »und zwei meiner Tanten«, berichtet Friedrich von Thun, »haben bei Chopin Klavierspielen gelernt und die Ausbildung Friedrich Smetanas bezahlt«.

Leo Graf Thun-Hohenstein (1811–1888) wiederum war einer der bedeutendsten Schulreformer Österreichs und schuf als Unterrichtsminister der Regierung Kaiser Franz Josephs die Grund-

Leo Graf Thun-Hohenstein war einer der bedeutendsten Schulreformer Österreichs.

voraussetzungen für das achtjährige Gymnasium mit der heutigen Matura. Er ist der Schöpfer des modernen Unterrichtswesens, führte die Hochschulautonomie ein und verschaffte der Universität Wien eine Vervielfachung der Anzahl ihrer Lehrstühle. Von Toleranz geprägt, erteilte er Wissenschaftlern evangelischer und jüdischer Konfession die Lehrbefugnis und holte namhafte ausländische Gelehrte ins Land.

»Ich bin durchaus in dem Bewusstsein aufgewachsen, dass meine Familie ein bisschen Geschichte geschrieben hat«, erklärt Friedrich von Thun, der sich mit dieser Geschichte auch auseinandersetzte. Ganz besonders im Jahr 1984, als er im Unterrichtsministerium am Wiener Minoritenplatz eine Szene zu Franz Werfels *Eine blassblaue Frauenschrift* drehte und dort das Porträt des ehemaligen Unterrichtsministers Leo Thun-Hohenstein entdeckte. Da zeigte sich der Schauspieler gerührt und beeindruckt.

Franz Thun-Hohenstein (1847–1916), ein Großonkel des Schauspielers, brachte es sogar zum k. u. k. Ministerpräsidenten und wurde 1911 vom Kaiser in den Fürstenstand erhoben. Höchste militärische Ehren erreichte ein anderer Franz (1826–1888), als ihn der Feldmarschall Radetzky wegen heldenhaften Verhaltens in seinen Stab aufnahm. 1864 wurde er auf persönlichen Wunsch Kaiser Maximilians zum Kommandanten des österreichischen Freiwilligenkorps in Mexiko ernannt. Er erzielte beachtliche Erfolge, wurde aber von Maximilian fallengelassen und zurück nach Österreich geschickt. Auf diese Weise ersparte er sich das katastrophale Ende des zum Scheitern verurteilten Abenteuers des Kaisertums Mexiko.

Von den riesigen Gütern und Schlössern des böhmischen Familienzweigs ist nichts geblieben, da die Angehörigen 1945 von den

Kommunisten enteignet und in ein Barackenlager gesteckt wurden, ehe sie die Flucht nach Österreich antreten konnten. »Als ich jung war«, erzählt Friedrich von Thun, »war ich ein Rebell und hab mich kaum mit der Vergangenheit meiner Familie beschäftigt. Inzwischen hat sich das geändert. Mich interessieren aber weniger die Ahnen, die im Geschichtsbuch stehen, als die Typen und Originale in unserer Familie.« Zu ihnen zählt der wohl »schrägste« Vorfahre, sein Onkel Maximilian Thun-Hohenstein (1887–1935). Dieser hatte als Arzt die seltsame Theorie entwickelt, dass der Mensch eigentlich Vierfüßler sei und das Gehen auf zwei Beinen der Gesundheit schade. Zur Untermauerung seiner These reiste er mit einem dressierten Affen quer durch die Monarchie, um mit diesem in öffentlichen Vorführungen vierfüßig über Hindernisse aller Art zu springen. In der Bevölkerung als »Affen-Thun« bekannt, wurde er vor allem von Karl Kraus verspottet. Der hatte allerdings auch einen sehr persönlichen Grund: Thun »spannte« dem Schriftsteller und Kulturkritiker im Jahr 1920 die Geliebte Sidonie von Nádherná aus, die er dann auch heiratete. Sidonie verließ Maximilian Thun-Hohenstein aber nach einem halben Jahr und kehrte zu Karl Kraus zurück.

Friedrich von Thun setzte sich mit der Geschichte seiner Familie durchaus auch kritisch auseinander, etwa als er der Frage nachging, »wie sie zu ihrem gigantischen Vermögen kam. Und ich war beruhigt, dass sie das Schloss (in Tetschen-Bodenbach, Anm.) gegen Ende des Dreißigjährigen Krieges korrekt gekauft hat, was damals nicht so selbstverständlich war.« Andererseits fragt sich der Schauspieler, »wie der sagenhafte Reichtum meiner Familie zustande kam. Ich kenne nämlich keinen einzigen Thun, der geschäftstüchtig war, was mir im Übrigen recht sympathisch ist.«

Dass die Thuns 1945 enteignet wurden, ehe sie die Flucht nach Österreich antraten, empfindet er »als Glück in all dem Unglück, weil ich in Böhmen sicher nicht die Möglichkeit gehabt hätte, Schauspieler zu werden«. Für ihn wäre es unvorstellbar, das Leben eines Feudalherrn – wie es einst sein Großvater war – zu führen, sagt Friedrich von Thun. »Ich bin lieber Schauspieler, der hin und wieder einen Feudalherrn spielt.«

Vielleicht sogar einmal einen aus der eigenen Dynastie.

Der Prinz am Opernball
Die Vorfahren des Karl Hohenlohe

Wäre die Geschichte ein wenig anders verlaufen, würde man ihn an der Feststiege des Opernballs als »Seine Durchlaucht, Prinz zu Hohenlohe-Schillingsfürst« begrüßen, so aber sitzt der »Kari« neben Christoph Wagner-Trenkwitz in einem engen, viel zu heißen Kammerl, um dem Fernsehpublikum in der ihm eigenen hintergründig-ironischen Art Schmankerln von Richard Lugner und anderen bürgerlichen Ballbesuchern darzubieten. Doch das macht ihm gar nichts, im Gegenteil, Karl Hohenlohe ist mit seinem Lebens- und Berufsweg rundum zufrieden. Obwohl seine Abkunft auf eine der einflussreichsten Dynastien des europäischen Hochadels zurückzuführen ist.

Die Hohenlohes sind ein neunhundert Jahre altes, ursprünglich fränkisches Geschlecht, das auch in der österreichischen Geschichte eine herausragende Rolle gespielt hat. Es gibt keine Adelsfamilie von Rang, mit der die Hohenlohes nicht verwandt oder verschwägert wären. Das beginnt bei den Habsburgern und Hohenzollern, geht über die Metternichs, Schwarzenbergs, Schönborns und reicht bis zu den Windsors, den Fürsten von Monaco, und sogar Napoleon spielt in der Familiengeschichte mit.

Beim zweifellos blaublütigsten aller österreichischen Gesellschaftsreporter muss man nur antippen und schon sprudelt die historisch bedeutsame Verwandtschaft hervor:

◆ »Karis« Ururgroßvater Fürst Konstantin Hohenlohe-Schillingsfürst (1828–1896) war fast dreißig Jahre Erster Obersthofmeister Kaiser Franz Josephs und damit sein wichtigster Beamter und als persönlicher Berater einer der mächtigsten Männer der Donaumonarchie. Konstantin führte den Wiener Hof in die Moderne, er war für die Stadterweiterung, den Bau der Ringstraße und damit für die größte bauliche Stadtveränderung des 19. Jahrhunderts in Europa verantwortlich. Ihm sind Oper, Burgtheater, das Kunst- und Naturhistorische Museum sowie die Neue Hofburg in ihrer heutigen Form zu danken, er hat die Wiener Weltausstellung des Jahres 1873 gemanagt und die zerrütteten Finanzen des Kaisers in Ordnung gebracht.

Dem Monarchen war sein als klug und energisch beschriebener, aber stets bescheiden im Hintergrund agierender Weggefährte so wichtig, dass er ihm ein Jahresgehalt von 12 600 Gulden* gewährte und das Augartenpalais als ständigen Wohnsitz zur Verfügung stellte. Der Konstantinhügel im Prater ist nach Konstantin Hohenlohe benannt, und Johann Strauss Sohn widmete ihm den Walzer *Geschichten aus dem Wienerwald*.

---

* Die Summe entspricht laut Statistik Austria im Jahr 2023 einem Betrag von rund 150 000 Euro.

Persönlicher Berater des Kaisers und einer der mächtigsten Männer der Monarchie: Fürst Konstantin Hohenlohe-Schillingsfürst mit seiner Ehefrau Marie

• Fürst Konstantins Sohn war Prinz Konrad Hohenlohe (1863–1918), der sowohl k. u. k. Ministerpräsident als auch Innen- und Finanzminister war – aber alles immer nur ein bis zwei Monate lang. Der als »roter Prinz« bezeichnete Aristokrat galt als arbeiterfreundlich, scheiterte aber unter anderem an einer missglückten Wahlrechtsreform.

Prinz Konrad hat in seinen Jugendtagen gemeinsam mit seinen Brüdern Philipp und Gottfried eine der außergewöhnlichsten Sammlungen seiner Zeit zusammengestellt. Die drei heckten in dem von ihnen bewohnten Augartenpalais, in dem viele Feste gefeiert wurden und alle Großen der Zeit ein- und ausgingen, einen teuflischen Plan aus: Sie schnitten jedem Besucher, sobald er Rock oder Mantel abgelegt hatte, einen Knopf ab. Auf diese Weise gelangten sie an die Knöpfe berühmter Zeitgenossen wie Kaiser Wilhelm II., Kronprinzessin Stephanie, diverse Erzherzöge, die Fürsten Liechtenstein, Thurn und Taxis, Kinsky, Schwarzenberg sowie die Künstler Franz Liszt und Eduard Strauss. Die von den drei Hohenlohes gesammelten 189 Knöpfe sind auf Kartons genäht und befinden sich heute in einer Schachtel mit der Aufschrift »Prinzlicher Knopfschatz, Sammlung von Uniform- und Mantelknöpfen« in der Bundesmobilienverwaltung Wien. Auf jedem Karton ist der Name des jeweiligen Knopfträgers handschriftlich vermerkt.

»Die Buben Hohenlohe waren voll Witz und Verstand, beliebt und zu Streichen aufgelegt«, schreibt die Fürstin Nora Fugger in ihren Memoiren. »Durch Jahre hindurch entfernte sich jeder Besucher des Obersthofmeisters Seiner Majestät mit einem fehlenden Knopf.«

• Fürst Konstantins Bruder Chlodwig Hohenlohe (1819–1901) wurde von Kaiser Wilhelm II., mit dem er mütterlicherseits verwandt war und der ihn »Onkel Chlodwig« rief, zum deutschen Reichskanzler ernannt. Sein Sohn Alexander Hohenlohe löste einen Skandal aus, weil er sich während des Ersten Weltkrieges als Pazifist bezeichnete.

• »Karis« vierfacher Urgroßvater war niemand Geringerer als Napoleon Bonaparte. »Er hat meine dreifache Urgroßmutter Stéphanie de Beauharnais adoptiert und sie mit dem Großherzog von Baden verheiratet«, plaudert Karl aus der Schule. Einschlägigen Biografien ist zu entnehmen, dass ein Sohn aus dieser Ehe als Säugling vertauscht worden und 1828 als Kaspar Hauser wieder aufgetaucht sein soll.

- Bei den Hohenlohes gibt's aber auch bürgerliche Beziehungen von Weltformat: »Meine Urururgroßmutter Carolyne Sayn-Wittgenstein (1819–1887) hat ihren Mann verlassen und ist mit Franz Liszt durchgebrannt, mit dem sie dann zwanzig Jahre zusammenlebte.« Nicht nur das, sie wollte ihn auch heiraten, was man jedoch in den eigenen Reihen zu verhindern wusste: Der deutsche Kurienkardinal Gustav Adolf zu Hohenlohe-Schillingsfürst (1823–1896) sabotierte die Hochzeit mit dem Komponisten. Das hielt den Kirchenfürsten jedoch nicht davon ab, weiterhin mit Liszt befreundet zu sein und ihm die niederen Weihen eines Abbé zu erteilen.

- Ein weiteres Familienmitglied ist in die österreichische Literaturgeschichte eingegangen: Der Bankier Graf Moritz Fries (1777–1826), der mit einer Hohenlohe verheiratet war, zählte zu den reichsten Männern der Monarchie, gab sein Geld aber mit vollen Händen aus. Nachdem er 1824 Bankrott anmelden musste, nahm Ferdinand Raimund sein Schicksal als Vorlage für das Stück *Der Verschwender*.

- Prinz Alfonso Hohenlohe (1924–2003) war mit »Karis« Cousine Ira Fürstenberg verheiratet und schrieb als Gründer des berühmten Marbella-Clubs Geschichte. Dessen Sohn Hubertus Hohenlohe (*1959) wurde als Sänger und Skirennläufer bekannt.
Im April 2022 erlebte »Kari« einen beruflichen Höhepunkt, als er mit seiner Frau Martina vom damaligen Prinzen und heutigen britischen König Charles III. auf dessen Landsitz Highgrove House empfangen wurde, um ihn in ihrer Rolle als Herausgeber

des Restaurantführers *Gault & Millau* mit dem Titel »Gourmet des Jahres« auszuzeichnen. Auch Karl und Charles haben eine verwandtschaftliche Verbindung: »Die Schwester seines Vaters Prinz Philip war mit einem Hohenlohe verheiratet«, weiß »Kari«, der sich sehr für Geschichte interessiert, schon weil es in jeder Epoche irgendeinen Hohenlohe gibt, der eine bedeutsame Rolle gespielt hat. »Darauf bin ich stolz, auch weil ich glaube, dass meine Vorfahren bis auf ein paar schwarze Schafe* recht anständige Leute waren.«

Mayerling in Raabs an der Thaya

Die Tragödie im Hause Spiegelfeld

Egal, auf welchem Schloss Johann-Philipp Spiegelfeld empfangen wird, er ist bei all seinen Gastgebern willkommen. Und das ist kein Zufall, entspringt die Familie des Berufspiloten und Fernsehmoderators doch selbst einem Adelsgeschlecht. Wobei Spiegelfelds eigene Familiengeschichte mindestens so aufregend ist wie die der Schlossbesitzer, die er für seine ORF-Sendereihe *Herrschaftszeiten!* aufsucht.

Ursprünglich in Kärnten und in der Obersteiermark unter dem Namen Matz ansässig, wurde die Familie 1620 mit dem Prädikat »von Spiegelfeld« in den Adels- und 1917, kurz vor dem Zusammen-

---

*   Siehe den Abschnitt über Stéphanie von Hohenlohe-Waldenburg-Schillingsfürst im Kapitel *Hitlers »Edeljuden«* auf den Seiten 199–201

bruch der Monarchie, von Kaiser Karl I. in den Grafenstand erhoben. Die Spiegelfelds waren Beamte, Offiziere und Politiker, der Bedeutendste von ihnen war Tirols Statthalter Markus Freiherr von Spiegelfeld (1858–1943). Als dieser 82 Jahre alt und verwitwet war, heiratete er eine um fünfzig Jahre jüngere Frau. Durch diese Ehe erhielt er einen Schwiegervater, der 21 Jahre jünger war als er und in der Statthalterei zu Innsbruck unter ihm gedient hatte. Am Ende seines Lebens im Alter von 85 Jahren wurde Spiegelfeld gefragt, wie ihm denn sein zweiter Ehestand bekommen sei.

Da bekundete er seine volle Zufriedenheit, das Einzige, was er sich von seiner jungen Frau aber noch erhofft hatte, wäre »ein bisserl mehr Temperament« gewesen.

Wirklich aufregend wird's dann eine Generation später: Markus Spiegelfelds schöne Tochter Sybille war als junge, lebenslustige Frau von Innsbruck nach Wien übersiedelt, um hier Gesang zu studieren und ein paar Mal sogar an der Wiener Hofoper aufzutreten. Im Jahr 1916 lernte sie im mährischen Städtchen Troppau den reichen Textilbaron Hugo Klinger von Klingerstorff kennen, seines Zeichens

Seine Frau war um fünfzig Jahre jünger als er: Markus Freiherr von Spiegelfeld

Eigentümer von Schloss Raabs an der Thaya im Waldviertel. Er tat während des Ersten Weltkrieges in Troppau als Leutnant seinen Dienst, sie als Krankenschwester. Es soll Liebe auf den ersten Blick gewesen sein, jedenfalls bezogen sie, als der Krieg vorbei war, gemeinsam die einsam gelegene, noch von den Babenbergern erbaute mittelalterliche Burg Raabs mit ihren sechzig Zimmern, und Sybille brachte innerhalb von drei Jahren drei Kinder zur Welt.

Sybille Klinger geb. Spiegelfeld verliebte sich während eines Kuraufenthalts in Meran in den russischen Prinzen Cyrill Orlow.

Doch die einst Lebenslust ausstrahlende junge Frau und der Baron waren allzu unterschiedlich, sie wurde in dem rauen Klima des nördlichen Waldviertels schwermütig und sehnte sich zurück in die Stadt, er hingegen konnte sich kein anderes Leben als jenes auf dem Lande vorstellen. Und so führte die Ehe des ungleichen Paares geradewegs in eine Tragödie, die Mayerling an Dramatik um nichts nachsteht.

Das Drama begann damit, dass die 32-jährige Sybille im Herbst 1925 wegen einer Lungenkrankheit zur Kur nach Meran fuhr. Dort lernte sie einen um zehn Jahre jüngeren russischen Prinzen namens Cyrill Orlow kennen, in den sie sich Hals über Kopf verliebte.

Wieder genesen und zu ihrem Gemahl heimgekehrt, gestand sie diesem den Fehltritt, versprach aber hoch und heilig, die Affäre beenden zu wollen, schon der Kinder wegen. Leider fand der Baron heraus, dass seine Frau und der 22-jährige Prinz sich heimlich wiedersahen, worauf er den Nebenbuhler, wie in diesen Kreisen üblich, zum Duell forderte.

Die Herren trafen einander am 2. Juni 1926 an einer kleinen Waldlichtung nahe von Schloss Raabs zu einer »Aussprache«, bei der Orlow die Scheidung einforderte. Als der Baron dies vehement ablehnte, eskalierte die Situation dermaßen, dass beide Herren ihre Waffen zogen. Bei dem nun folgenden Schusswechsel erlitten Ehemann und Liebhaber schwere Verletzungen.

Doch das wahre Unheil kommt erst: Die untreue Sybille wurde am Tag nach dem Zweikampf – die Privilegien des Adels gab es da schon längst nicht mehr – von der Gendarmerie im Schloss abgeholt und dem zuständigen Untersuchungsrichter zu einer hochnotpeinlichen Befragung vorgeführt. Das war zu viel für die Baronin, sie griff zum Revolver ihres Mannes, lief in ihr Schlafzimmer und erschoss sich. »Als man eindrang, fand man die Unglückliche tot auf dem Boden liegend«, hinterließ uns der Familienchronist Gisbert Spiegelfeld in seinen Aufzeichnungen. »In einer Hand hielt sie noch den Revolver, die andere umkrampfte ein Wäschestück eines ihrer kleinen Kinder.« Das war die dunkelste Episode in der Geschichte der Familie Spiegelfeld.

Cyrill Orlow (links) wurde von Hugo Klinger von Klingerstorff zum Duell gefordert, das tragisch endete.

Wenige Tage nach Sybille starb Cyrill Orlow im Spital von Waidhofen an der Thaya an den Folgen seiner Schussverletzung.

Sybille Klinger geb. Spiegelfeld hat nie erfahren, was danach noch bekannt wurde: Der gefühlvolle, charmante Prinz, in den sie sich unsterblich verliebt hatte, war ein Hochstapler und Betrüger, der sich regelmäßig auf diese und ähnliche Weise an reiche Frauen heranmachte.

Baron Klinger hingegen hat seine Frau ehrlich und wahrhaftig geliebt, er ließ ihr inmitten seines Fichtenwaldes ein heute noch bestehendes, prächtiges Mausoleum bauen, in dem neben ihr mittlerweile auch er selbst († 1941) und ihre Kinder die letzte Ruhe fanden. Über »Die Tragödie von Raabs« wurde in der damaligen Presse in großer Aufmachung berichtet.

Gott sei Dank gibt es über die Spiegelfelds auch weit Erfreulicheres zu berichten. Johann-Philipps berühmtester Vorfahre war sein Urururgroßvater Heinrich von Ferstel (1828–1883), einer der bedeutendsten Ringstraßenarchitekten, dem Wien die Votivkirche, die Universität, das heutige Palais Ferstel samt Café Central und das Museum für angewandte Kunst zu danken hat.

Die Schlösser St. Lorenzen im Mürztal, Schlüßlberg und Tillysburg sind heute noch in Spiegelfeld-Besitz, gehören aber mit Georg Franz Spiegelfeld-Schneeburg einem anderen Zweig der Familie.

Ihr großes Vermögen haben die Spiegelfelds längst verloren. Wobei die Größenordnung relativ ist, wie Gisbert Spiegelfeld über die Zeit nach dem Zusammenbruch der Monarchie schreibt: »Noch Jahre nach dem Vermögensverlust war die Anzahl unseres Hauspersonals größer als die der Familienmitglieder. Es gab einen Diener, eine Kammerjungfer, eine Köchin, ein Stubenmädchen, ein bis zwei Küchenmädchen, ein Kinderfräulein sowie fallweise Kindermädchen und Bedienerinnen. Meine Familie muss damals wohl weit über ihre Verhältnisse gelebt haben … Man zog es vor, den überhöhten Lebensstandard durch Verkäufe realer Werte zu finanzieren, und so wanderte in diesen Jahren so manches gute Stück aus unserem Hause.«

Dass man der Aristokratie angehöre, sei für ihn kein Thema, sagt der Fernsehmoderator Johann-Philipp, Sohn des Wiener Rechtsanwalts Benedikt Spiegelfeld: »Adelig zu sein ist nur Ausdruck einer Haltung, die dazu beitragen soll, den Menschen im eigenen Umfeld Gutes zu tun.«

Geblieben ist eine weitverzweigte Verwandtschaft. Beim letzten Familientreffen der Spiegelfelds kamen mehr als dreihundert Angehörige zusammen.

»Oscars« Wiener Spuren
Die Familie Henckel von Donnersmarck

Eigentlich könnte er über seine eigene Familie einen Histo-rienfilm drehen. Sind die Wurzeln des Oscar-Preisträgers Florian Henckel von Donnersmarck (*1973) doch in einem Adels-geschlecht zu finden, das zu den reichsten und angesehensten in Europa zählte. So mancher Ahne des weltberühmten Regisseurs (*Das Leben der Anderen*) hat auch ein Stück österreichischer Geschichte mitgeschrieben.

Es war vor gut vierhundert Jahren, als ein gewisser Lazarus Henckel von Donnersmarck (1551–1624) nach Wien kam, um hier ein Handelshaus zu gründen. »Er war das Gegenteil vom ›armen Lazarus‹, wie er in der Bibel beschrieben wird«, erzählt sein Nach-fahre Gregor Henckel-Donnersmarck (*1943), der langjährige Abt von Stift Heiligenkreuz bei Wien. Lazarus brachte es als Lebensmit-tel-, Metall- und Lederwarenhändler zum reichsten Kaufmann sei-ner Zeit. Sein Vermögen war so groß, dass er den Habsburgern das Überleben sicherte, indem er Kaiser Rudolf II. Kredite gewährte, mit denen dieser die Türkenkriege finanzierte.

»Lazarus ahnte wohl, dass der Kaiser das Geld nie zurückzahlen konnte, aber er wusste auch, dass dies seinem Ansehen nützlich sein würde.« Tatsächlich wurde die Familie Henckel-Donnersmarck bald in den Freiherrn- und später in den Grafenstand erhoben.

Lazarus bewohnte ein Haus am Fleischmarkt Nr. 7, an dessen Stelle heute eine Tafel mit dem Hinweis hängt, dass hier ein anderer Oscar-Preisträger in seinen Wiener Jahren gelebt hat: Hollywood-regisseur Billy Wilder.

Nach dem Tod des »reichen Lazarus« ließen sich die Henckel von Donnersmarcks in Schlesien nieder. Bis gegen Mitte des 19. Jahrhunderts ein weiterer Nachfahre zurück nach Österreich kam: Hugo Graf Henckel von Donnersmarck (1811–1890) hatte das enorme Vermögen seiner Ahnen um ein Vielfaches vermehrt, als auf seinen Latifundien in Oberschlesien Kohle, Eisen und andere Bodenschätze gefunden wurden, die in der Zeit der Industrialisierung dringend benötigt wurden. Hugo war einer der reichsten Männer seiner Zeit (und der Urururgroßvater des Oscar-Preisträgers).

Einer der reichsten Männer seiner Zeit: Hugo Henckel von Donnersmarck

Mit dem Beschluss, sein Vermögen nicht in Preußen, sondern in Österreich anzulegen, protestierte Graf Hugo gegen die antikatholische Politik des deutschen Reichskanzlers Bismarck. Hugo erwarb zahlreiche Ländereien, darunter Schloss Wolfsberg in Kärnten, das heute noch der Familie gehört. Und er ließ mit dem Palais

Henckel-Donnersmarck einen der prachtvollsten Paläste auf der Wiener Ringstraße errichten.

Hugo Henckel von Donnersmarck war zweimal verheiratet, beide Frauen hießen Laura. Nach seinem Tod verkauften seine aus der ersten Ehe stammenden Söhne das Palais am Parkring, da sie das Haus, in dem ihr Vater mit der ungeliebten Stiefmutter Laura II. gelebt hatte, nicht mehr besitzen wollten.

Der emeritierte Abt Gregor ist der vierte Henckel-Donnersmarck, der in den geistlichen Stand trat. Es gehört zur Tradition, dass katholische Adelige einander automatisch mit »Du«, evangelische jedoch per »Sie« ansprechen. Da es in der Familie einen katholischen und einen evangelischen Zweig gibt, kam es zu der kuriosen Situation, dass Aristokraten, die einem Henckel-Donnersmarck vorgestellt werden, zuallererst fragen: »Sind Sie evangelisch oder bist du katholisch?«

Nach dem Zweiten Weltkrieg verlor die Familie ihre gigantischen Besitzungen im jetzt polnischen Oberschlesien und ließ sich in Österreich, Deutschland und in der Schweiz nieder.

Bei so viel Noblesse darf auch ein richtiger kleiner Familienskandal nicht fehlen: Es gab nur einen in der Dynastie, der noch reicher war als der seinerzeit in Wien ansässige Graf Hugo, nämlich sein Vetter Guido Henckel-Donnersmarck (1830–1916), der von Kaiser Wilhelm II. in den Fürstenstand erhoben wurde. Besagter Guido war – man fasst es nicht – mit der berühmtesten Kurtisane von Paris verheiratet. Als Therese Lachmann zur Welt gekommen und in ärmlichen Verhältnissen aufgewachsen, soll die ebenso attraktive wie freizügige »Pauline« vor ihrer Ehe mit Henckel-Donnersmarck halb Paris betört haben. Guido war ihr so verfallen, dass er sie 1871 vor den Traualtar führte. Der Beweis ihrer ungewöhnlichen Offenheit ist im Treppenhaus des Palais Henckel-Donnersmarck an den Pariser Champs-Élysées zu bewundern: Dort befindet sich ein Bildnis der schönen Gräfin. Und es zeigt sie splitternackt.

Welch hübsches Detail für den Fall, dass der familieneigene Oscar-Preisträger tatsächlich einmal einen Film über seine Ahnen drehen sollte.

Von der Kurtisane zur Reichsgräfin: Pauline Henckel von Donnersmarck

Keine Kränze
für Mimen

Die Frau an Hans Mosers Seite

Annie Rosar, »die komische Alte«

Dass man sie heute noch kennt, ist nicht zuletzt dem Glücks-
fall geschuldet, dass sie oft an der Seite Hans Mosers gespielt
hat. Einmal war sie seine Frau, dann seine Schwester, seine Haus-
hälterin, ein anderes Mal seine Wirtin. Und doch hätte Annie
Rosar fast in Vergessenheit geraten können, wären ihrer Urenkelin
Annie Rüdegger-Rosar nicht fast sechzig Jahre nach ihrem Tod die
Tagebücher der Volksschauspielerin in die Hände gefallen. So
lange lagerten sie unbemerkt auf einem Dachboden. Ihre Eintragungen räumen mit dem Mythos der gemütlichen »komischen
Alten« auf und zeigen ein chaotisches Leben mit beruflichen Erfolgen und privaten Tragödien.

Die größte Tragödie war wohl, dass ihr über alles geliebter einziger
Sohn 1943 mit 22 Jahren an der russischen Front gefallen ist. Das
hat Annie Rosar – wie Millionen anderer Frauen in dieser Zeit – nie
verkraftet. In ihrem Fall gerade auch, weil sie lange an die »Segnun-
gen« des Dritten Reichs geglaubt und kurz vor Kriegsbeginn noch in
ihr Tagebuch eingetragen hat: »Wir hoffen zu Gott, dass wir mit
unserem gottgesandten Führer weiter den Frieden haben werden!«

Der größte Nazi in der Familie war ihr unglückseliger Sohn René
selbst, der noch vor dem »Anschluss« illegal der Hitlerjugend beitrat

und im Krieg, obwohl er die Möglichkeit hatte, in Wien Medizin zu studieren, auf eigenes Betreiben in die Wehrmacht eintrat. Das bezahlte er zu Weihnachten 1943 an der russischen Front »für Führer und Vaterland« mit seinem Leben. Annie Rosar war von da an eine gebrochene Frau, auch als vier Wochen nach Renés Tod dessen Witwe einen Sohn zur Welt brachte. Aber immerhin hatte die beliebte Schauspielerin nun einen (übrigens heute noch in Wien lebenden, achtzigjährigen) Enkel, den sie abgöttisch liebte.

Annie Rosar, 1888 in Wien geboren, stammte aus kleinen Verhältnissen, ihr Vater war Pferdetramway-Kondukteur und ein glühender Anhänger des antisemitischen Bürgermeisters Karl Lueger. Das färbte ab, in Annie Rosars Tagebüchern wird Hitler als »unser geliebter Führer« bezeichnet, und es gibt abfällige Bemerkungen über »die Juden«, die – wenn ihre Karriere einmal ins Stocken geriet – an allem schuld waren.

Aber so einfach ist die Geschichte nicht. Nicht nur, dass sie ihre Karriere vor allem dem jüdischen Theatermann Max Reinhardt zu verdanken hatte, waren auch zwei ihrer vier Ehemänner jüdischer Herkunft. Bis heute ist nicht geklärt, welcher von ihnen der leibliche Vater ihres Sohnes war. Hatte sie bei der Geburt angegeben, dass Renés Vater ihr dritter, jüdischer Mann war, so schrieb sie die Vaterschaft in der Nazizeit einem »Arier« zu. Um die Geschichte nach dem Krieg wieder umzudrehen.

Annie Rosar absolviert eine Handelsschule und arbeitet zunächst als Sekretärin, ehe sie ihre Leidenschaft für das Theater entdeckt. Sie weiß von Anfang an, was sie will: »Bin ich ein Genie, werde ich siegen«, schreibt sie im Tagebuch, »bin ich keins – dann stehe mir Gott bei, denn dann ist mein Leben vernichtet.« Nach kurzem Schauspielunterricht erhält sie erste Bühnenengagements. Dass es relativ lange dauert, bis die große Karriere kommt, liegt daran, dass Annie Rosar sich als Tragödin sah und auf deutschen und Wiener Bühnen, ja sogar am Burgtheater, in Klassikern auftrat.

Im Sommer 1912 bessert sie sich die Gage mit einem Engagement am Ischler Stadttheater auf, zu dessen Stamm- und Ehrengästen Kaiser Franz Joseph zählt. Der 82-jährige Monarch schläft ein, als sie mit Inbrunst die Christine in Schnitzlers *Liebelei* gibt, »worüber ich Tränen der Verzweiflung weinte und meinte, ich hätte ihm eben nicht gefallen. Eingeweihte trösteten mich damit, dass Seine Majestät während der einzelnen Akte meistens einzuschlafen pflege, aber am Ende des Aktes wieder erwacht.« Sicher wach blieb er nur, wenn seine Freundin Katharina Schratt auf der Ischler Bühne stand.

Erst Max Reinhardt erkannte, dass Annie Rosar eine große Komödiantin ist, und holte sie für komische Rollen ans Theater in der Josefstadt, wobei sie im Winter 1926 notiert, sich »lange nicht daran gewöhnen zu können, dass Menschen auch über mich lachen«. Der Typ der ältlichen, etwas fülligen Frau aus dem Volk, die oft grantelt, aber doch das Herz am rechten Fleck hat, wird fünfzehn Jahre nach Beginn ihrer Theaterlaufbahn zum Wegbereiter ihrer künftigen Erfolge. »Erst später erkannte ich, was es für ein Segen ist, die Leute zum Lachen zu bringen.« Das galt vor allem für den Film.

Erstaunlich, wie offen Annie Rosar ihr Leben in allen Details ihren Tagebüchern anvertraut. Und wie offen ihre Urenkelin Annie Rüdegger-Rosar gemeinsam mit der Historikerin Regina Jankowitsch* daraus zitiert: Annie Rosar heiratet zum ersten Mal mit

---

* Regina Jankowitsch, Annie Rüdegger-Rosar, *Die Schauspielerin Annie Rosar, Geschichte einer Überlebenskünstlerin*, Böhlau Verlag, Wien 2022

»Dann ist mein Leben vernichtet«: Annie Rosar trat vorerst in ernsten Rollen auf, hier als Rose Bernd 1913 am Münchner Schauspielhaus.

neunzehn Jahren, doch die Ehe hält nur kurz. Als sie in finanzielle Schwierigkeiten gerät, gibt ihr ihre Mutter den Rat, sich einen reichen Liebhaber zu suchen. Das tut sie auch, einer ist der berühmte Schauspieler Max Pallenberg, es folgen nebst vielen anderen die Schriftsteller Lion Feuchtwanger und Ludwig Thoma. »Sie steht innerhalb kürzester Zeit in zweifelhaftem Ruf«, erkennt die Urenkelin anhand der Tagebücher, »weil sie sich auf der Suche nach finanzieller oder künstlerischer Unterstützung fast jedem Erstbesten an den Hals wirft. Sie bewirbt sich als Vorleserin, antwortet auf Annoncen wie ›Kavalier sucht Dame mit Herz‹« und verdient ihr Geld durch den einen oder anderen Liebesdienst, mit Vorliebe an verheirateten Herren, meist in kurzfristigen Affären. Gleichzeitig ist sie bigott, schließt ihre Eintragungen ins Tagebuch fast jeden Tag mit »Amen«.

Auch die zweite Ehe wird nach kurzer Zeit geschieden, Ehemann Nummer drei stirbt überraschend mit 53 Jahren. Da lernt sie im Februar 1930 die Nummer vier kennen – über ein Heiratsinserat in der *Neuen Freien Presse*. Glücklich sollte sie auch mit ihm, dem höheren Beamten und Schriftsteller Franz Rebiczek, nicht werden. Der war ursprünglich Sozialdemokrat, passte sich in der Nazizeit den Gegebenheiten an und schrieb für das Hetzblatt *Völkischer Beobachter*.

Im Theater in der Josefstadt traf Annie Rosar auf Hans Moser, der ebenfalls von Reinhardt entdeckt worden war. 1929 spielen sie zum ersten Mal gemeinsam in *Die Sachertorte,* sie in der Rolle der damals noch lebenden Frau Sacher, er als Oberkellner. Vier Jahre später stehen die beiden Publikumslieblinge zum ersten Mal gemeinsam vor der Kamera. Von den insgesamt rund hundert Komödien und Heimatfilmen, die Annie Rosar vor, während und nach dem Krieg drehte, war sie in zwanzig Mosers Partnerin. Das war fast immer leichte Kost wie *Ungeküsst soll man nicht schlafen gehen, 13 Stühle, Schwarz auf Weiß, Reisebekanntschaft, Meine Tochter lebt in Wien, Der Millionär* und *Der Herr Kanzleirat.* Hervorstechend ist *Hallo Dienstmann,* eine der populärsten österreichischen Filmkomödien der Nachkriegszeit, in der die Rosar Mosers resolute Schwester spielt.

Während ihr Sohn im dritten Kriegsjahr immer noch an Hitler und seine Vasallen glaubt, kommen Rosar Schilderungen der in Dachau begangenen Verbrechen zu Ohren. Jetzt schlägt sie in ihren

In vielen Filmen an der Seite von Hans Moser: Annie Rosar, hier in Der Millionär, *1944*

Briefen an den in Russland kämpfenden René ganz andere Töne an: »Wir sind alle Kinder Gottes, und erinnere Dich stets daran, was für prachtvolle und edle Menschen wir unter den jetzt so schmählich behandelten ›Juden‹ hatten – wenn die ›Deutschen‹ – hoffentlich nicht wir Österreicher – einmal dafür werden büßen müssen – was diese Menschen an ihnen verbrochen – dann wird es schrecklich werden.«

Annie Rosar musste sich nach dem Krieg einem Entnazifizierungsverfahren stellen, währenddessen sie zwei Jahre für den Film gesperrt wurde. Dass sie 1939 um Aufnahme in die NSDAP ersucht hatte, wurde ihr jedoch – ein sehr österreichischer Fall – nicht zum Verhängnis, »weil der Antrag bei den Behörden verloren gegangen« sei. Außerdem sagte ihr zweiter (jüdischer) Mann zu ihren Gunsten aus.

Die vierte Ehe wurde zwar nie geschieden, war aber eine Katastrophe, wodurch Annie Rosar in ihren späten Jahren einsam und depressiv war und Suizidgedanken hegte. Dabei hatte sie viele, meist prominente Freunde, in der Politik waren es die Bundespräsidenten Karl Renner (er war Trauzeuge ihrer letzten Ehe) und Adolf Schärf, in der Kirche war es Kardinal König. Die Korrespondenzen mit ihnen sind ebenso vorhanden wie mit einigen Schauspielkollegen, doch ausgerechnet zu ihrem wichtigsten Filmpartner Hans Moser herrschte lebenslange Distanz. »Ist es Rivalität, die einer privaten Freundschaft hier im Wege gestanden ist?«, fragt Annie Rosars Urenkelin. »Moser ist zweifelsohne der Erfolgreichere der beiden – das hat sich schon vor dem Krieg abgezeichnet, und so bleibt es bis zum Ende: Er ist Max Reinhardts Lieblingsschauspieler gewesen und von diesem 1927/28 in die USA mitgenommen worden, Annie ist nie auf einer Bühne außerhalb Europas aufgetreten. Hans Moser hat im Theater wie im Film regelmäßig Hauptrollen gespielt, Annie nur vereinzelt. Hans Moser ist seit 1954 Mitglied des Wiener Burgtheaters, Annie Rosar ist es nach dem Krieg nicht einmal mehr vergönnt, bei einer Aufführung an der ersten Bühne des deutschsprachigen Raums mitzuwirken. Hans Moser erhält 1961 den Titel Kammerschauspieler, Annie nicht. Oder halten sich Mosers gegenüber der Rosar zurück, weil sie Annies ambivalentes Verhältnis während der Nazizeit missbilligen? ... Oder ist es der unterschiedliche Lebensstil, den die beiden pflegen? – Moser wird als ruhig, bescheiden und sparsam beschrieben. Annie liebt das Rampenlicht und ist schönen Dingen durchaus zugetan.«

Ein einziges Mal ist die Rosar in einer großen dramatischen Rolle zu sehen, die ihr Gelegenheit gibt, ihr wahres Können zu zeigen. Als betrogene Köchin in *Der veruntreute Himmel* nach dem Roman von Franz Werfel rührt sie ihr Publikum in gleich drei Versionen zu Tränen: in der Bühnenfassung am Wiener Volkstheater, weiters in je einer für Fernsehen und Kino, letztere unter der Regie von Ernst Marischka. Ihre hochgelobte Darstellung gilt als Meilenstein ihres künstlerischen Schaffens, der 1958 gedrehte Film wird in vielen Ländern gezeigt.

Annie Rosars Popularität ist jetzt so groß, dass Helmut Qualtinger sie in dem TV-Kabarettprogramm *Spiegel vorm Gesicht* zum Verwechseln ähnlich parodiert. Und das führt uns zu einem der berühmtesten Practical Jokes Qualtingers: Annie Rosar meldet sich unmittelbar nach Ausstrahlung der Parodie telefonisch bei Fernsehdirektor Freund und zeigt sich tief betroffen, dass man – gerade nach ihrem großen TV-Erfolg des *Veruntreuten Himmels* – eine solche Parodie zuließ. Gerhard Freund ist die Angelegenheit peinlich. Einerseits versucht er der Volksschauspielerin zu erklären, dass es für Kabarettisten keinerlei Zensur gebe, andererseits will er die alte Dame nicht verletzen. Doch die Rosar ist nicht zu beruhigen, ruft im Lauf der nächsten Tage sechs Mal an und geht Freund mit ihren ständigen Interventionen schon ein wenig auf die Nerven. Beim siebenten Mal lässt er sich verleugnen – ruft dann aber doch zurück. Annie Rosar ist erstaunt. »Herr Direktor, ich habe in meinem ganzen Leben noch nie bei Ihnen angerufen.«

Bald findet man des Rätsels Lösung: Qualtinger selbst war es, der sich mit verstellter Stimme über seine eigene Parodie beschwert hatte.

Abgesehen vom *Veruntreuten Himmel* bleiben Annie Rosar und Hans Moser in den Erinnerungen des Publikums durch mehr als drei Jahrzehnte erfolgreicher Zusammenarbeit in Film und Theater ein »ideales Paar«. Diese »Ehe« – die einzig glückliche in Annies Leben – endet mit dem Tod der Rosar.

Sie stirbt am 5. August 1963 im Alter von 75 Jahren im Wiener Hanusch-Krankenhaus. Mit ihr ging die letzte Schauspielerin dahin, die den Typus der forschen Frau mit weichem Herzen spielte, oder wie es der deutsche Satiriker Loriot (Vicco von Bülow) 1987 in einem *Spiegel*-Interview ausdrückte: »Wenn ich an Adele Sandrock oder Annie Rosar denke: Alle diese großen, alten schweren Mütter gibt es eigentlich nicht mehr.«

Turhan Bey und der Tod in Hollywood
Ein Österreicher und ein US-Kriminalfall

Man schrieb den 6. November 1999, als ich Turhan Bey in Los Angeles bei einer Party zum hundertsten Geburtstag meines Onkels Francis Lederer kennenlernte. Francis und Turhan waren Freunde, beide gebürtige Österreicher, beide hatten in Hollywood Filme gedreht und eine ansehnliche Karriere gemacht. Francis in den 1930er-Jahren als jugendlicher Liebhaber, Turhan in Schurken- und Abenteurerrollen. Sie waren natürlich keine Größen wie Cary Grant oder Henry Fonda, sondern spielten eher in der Liga Ronald Reagans.

Die Party hatte eben erst begonnen, da kam Turhan Bey auf mich zu und sagte: »Ja, Georg, Sie sind auch da? Sie müssen, wenn Sie wieder in Wien sind, unbedingt zu mir kommen, ich habe jeden Samstagmittag Open House, da treffen Sie interessante Menschen, das wird Ihnen sicher gefallen.«

Ich musste mich erst einmal orientieren, denn ich hatte den Herrn nie zuvor getroffen, aber wir unterhielten uns so nett, dass ich an einem der nächsten Samstage tatsächlich zu Turhan Beys Open House in der Paradisgasse in Wien-Grinzing kam. Und von da an war ich, gemeinsam mit meiner Frau Daniela, fast jeden Samstag dort, denn der Hausherr war ein geistreicher Gentleman der alten Schule mit viel Humor, und man traf bei ihm tatsächlich interessante Menschen.

Turhan Bey, damals Ende siebzig, hatte in Filmen neben Errol Flynn, John Wayne, Clark Gable und Ava Gardner gespielt, durchaus auch Hauptrollen. Am 30. März 1922 in Wien zur Welt

gekommen – der Vater war türkischer Diplomat, die Mutter
stammte aus Baden – gelangte Turhan während des Krieges auf
der Flucht vor Hitler nach Kalifornien, er wurde von Talent-
suchern der *Warner Brothers* angesprochen und für den Film entdeckt. »Der Wiener mit dem exotischen Sex-Appeal«, wie sie ihn
nannten, drehte mehrere Filme, ehe ihm 1944 mit *Dragon Seed* an
der Seite von Katharine Hepburn der Durchbruch gelang. Es folg-
ten rund vierzig Filme, mit denen er sich in den USA einen Namen
schuf.

Turhan konnte seinen Gästen beim Open House in seinem schönen alten Holzhaus spannend und gleichzeitig unterhaltsam aus
seinem Leben in der Filmmetropole erzählen. Eines Samstags, wir
hatten das Mittagessen gerade hinter uns gebracht, geleitete er uns
wie immer zum Kaffee in die Loggia mit Blick zum herrlichen Garten. Auf dem Kaffeetischchen lag ein Bildband über Hollywoodstar
Lana Turner, *das* Sexsymbol der 1940er- und -50er-Jahre. Jene Lana
Turner, die während des Krieges so begehrt war, dass reiche Ameri-
kaner – als Spende für die Kriegskasse – für einen Kuss der Lein-
wandschönen 50 000 Dollar bezahlten.

Ich nahm das Buch zur Hand, öffnete es und sah gleich auf der
ersten Seite handschriftlich die sinngemäße Widmung: »Lieber
Turhan, ach wärst du nur bei Mama geblieben, dann wäre uns das
alles erspart geblieben.«

Die Widmung stammte von Cheryl Crane, Lana Turners Tochter
aus ihrer zweiten Ehe, und bezog sich auf einen Kriminalfall, wie er
nur in Hollywood möglich ist. Diesmal jedoch nicht als Film, sondern im realen Leben. Aber was konnte ein ehrenwerter Mann wie
Turhan Bey mit einem der aufsehenerregendsten Verbrechen in der
Geschichte der Filmmetropole zu tun haben?

Wir setzten uns an den runden Tisch in der Loggia, die Haus-hälterin servierte Kaffee und Kuchen, und Turhan begann in der ihm eigenen, ruhigen Art zu erzählen.

Es war in seiner Frühzeit in Hollywood, er war 23, sie 24, da geriet er – ohne es zu wollen – in die Schlagzeilen. Als Lana Turner nämlich einer Klatschkolumnistin anvertraute, dass »Turhan Bey die große Liebe meines Lebens ist und ich noch nie so intensiv geliebt habe«. Und dass sie ihn bald heiraten würde.

Die Affäre mit der Schönen, die damals auf der Liste der Filmstars ganz oben stand, dauerte eineinhalb Jahre und endete – weil Tur-han sie *nicht* heiraten wollte – im Jahr 1946.

Lana Turners Privatleben war beängstigend. Die Tochter eines armen Bergarbeiters aus dem US-Staat Idaho war insgesamt acht Mal verheiratet, unter anderem mit dem Bandleader Artie Shaw und dem Schauspieler Lex Barker. Weiters hatte sie Affären mit Frank Sinatra, Howard Hughes, Tyrone Power, Clark Gable, Mickey Rooney, James Stewart, Robert Taylor, Rex Harrison – und eben Turhan Bey. Doch der wollte sich nicht binden und beendete die Beziehung.

Anfang des Jahres 1957, die Scheidung von Lex Barker ist eben über die Bühne gegangen, hat die 37-jährige Lana Turner wieder einen neuen Lover. Er heißt Johnny Stompanato, ist vier Jahre jünger als sie, hat eine Karriere als Leibwächter eines Mafiabos-ses hinter sich und nur den einen Wunsch: im Filmgeschäft Fuß zu fassen. Stompanato sieht blendend aus und weiß, dass Lana Turner nach ihrer letzten Scheidung unter großer Einsamkeit lei-det. Also verschafft er sich ihre Telefonnummer, ruft sie an, lässt seinen Charme spielen, und sie stimmt glückselig einem Rendezvous zu, aus dem eine Affäre wird, die fünfzehn Monate andauern sollte. Und mit Stompanatos Tod endet.

Der Italoamerikaner ist ein brutaler Gangster, schlägt zu, wann immer ihm danach ist. Lana Turner kommt während dieser Beziehung oft mit Sonnenbrillen zu den Dreharbeiten, um so die Spuren seiner Gewalttätigkeit zu verbergen. Er kann aus Eifersucht ausrasten, leidet unter der ständigen Angst, seine »Beute« an einen anderen zu verlieren. So erscheint er Ende 1957 mit einer geladenen Pistole in einem Londoner Studio bei den Dreharbeiten zu *Another Time, Another Place* und warnt Sean Connery, »die Finger von Lana zu lassen«, woraufhin Connery ihn zu Boden streckt. Danach wird Stompanato mithilfe von Scotland Yard des Landes verwiesen.

Von den Dreharbeiten in London zurück in Beverly Hills, lebt Lana Turner wieder mit ihrer Tochter Cheryl in ihrem großen Haus am Bedford Drive. Und in ihrer Hörigkeit ruft sie Stompanato wieder zu sich: »Ich brauche Deine Zärtlichkeiten«, schreibt sie ihm, »so wild, dass sie mir wehtun. Es ist schön und schrecklich, ich bin die Deine und ich brauche Dich.« Dieser wie andere ihrer Briefe werden später vor Gericht verlesen.

In der Nacht zum 4. April 1958 kommt es zu einer blutigen Auseinandersetzung. Als Lana sich weigert, weiterhin seine Spielschulden zu zahlen, schlägt Stompanato zu und brüllt: »Du wirst mich nie los, du bist tot! Ich werde dich in kleine Stücke schneiden, und deine Tochter auch.«

Die hat sich, wie man den Prozessakten entnimmt, zu diesem Zeitpunkt in einem Kasten in der Nähe des Schlafzimmers ihrer Mutter versteckt und die Drohungen des Mafioso mit angehört. Da läuft die vierzehnjährige Cheryl in die Küche, greift nach dem

Sie wollte heiraten, doch er wollte nicht: Lana Turner und der Wiener Turhan Bey galten als das Liebespaar ihrer Zeit.

Ein Bild aus scheinbar glücklichen Tagen: Lana Turner, Johnny Stompanato, Cheryl Crane

größten Messer, dessen sie habhaft wird, eilt ihrer bedrohten Mutter zu Hilfe und sticht zu. Drei Mal.

Lana Turners Aussage als Zeugin vor Gericht: »Alles ging so schnell, dass ich nicht einmal das Messer in der Hand meiner Tochter sah, ich dachte, sie hatte ihn mit der Faust in den Magen geschlagen. Mr. Stompanato stolperte nach vorn, drehte sich um und fiel auf den Rücken. Er gab Erstickungslaute von sich, ich lief hin und zog seinen Pullover hoch. Ich sah das Blut ...« Stompanato hört zu atmen auf, noch ehe der Notarzt eintrifft.

Die Geschworenen ziehen sich zur Beratung zurück und fällen innerhalb von zwanzig Minuten das einstimmige Urteil: »Freispruch für Cheryl Crane. Es war eine gerechtfertigte Tötung aus Notwehr!«

Das »Urteil«, das die Medien über Lana Turner fällen, ist wesentlich härter. Die Boulevardpresse zitiert aus ihren Briefen an den Gewalttäter, stellt sie als männerverschlingendes Monster dar, gibt ihr die Schuld dafür, dass ihre kleine Tochter das alles miterleben musste, und verlangt, dass man ihr die Erziehungsberechtigung entziehen möge.

Doch das Publikum ist auf Lana Turners Seite. Als ihr nächster Film *Imitation of Life* ins Kino kommt, jubeln die Fans, der Film wird zum größten Kassenschlager ihrer Laufbahn, die noch ein paar Jahre anhält, ehe Marilyn Monroe, Elizabeth Taylor und Brigitte Bardot der alternden Diva den Rang als Sexsymbol ablaufen.

Allerdings gibt es noch eine Version, Johnny Stompanatos Tod betreffend, die nach und nach ans Tageslicht drang. Viele Menschen bezweifeln, dass ein vierzehnjähriges Mädchen den bärenstarken Mann, ohne dass er sich zur Wehr gesetzt hätte, getötet haben soll. Tatsächlich fällt auf, dass Lana Turners Anwalt in der bewussten Nacht noch vor der Polizei am Tatort eintraf. Der Anwalt heißt Jerry Giesler und war Hollywoods prominentester Strafverteidiger, der gefinkelte Vertraute vieler in Skandale verwickelter Stars.

Was geschah zwischen dem Eintreffen des Anwalts und dem der Polizei? In den Zeitungen wurde spekuliert, dass in Wahrheit nicht Cheryl ihren Stiefvater getötet habe, sondern Lana Turner ihren Liebhaber. Stompanato habe demnach an diesem Abend wie so oft seine ganze Brutalität eingesetzt, sei dann zu Bett gegangen und eingeschlafen. Da verlor die Hollywoodikone die Nerven und tötete ihn.

Hätte sie das vor Gericht gestanden, wäre sie möglicherweise sogar des Mordes schuldig gesprochen worden und hätte – trotz mildernder Umstände – mehrere Jahre hinter Gittern verbracht. So aber konnte nur die minderjährige Tochter zur Verantwortung gezogen werden, gegen die wegen mangelnder Strafmündigkeit ohnehin kein Urteil möglich war.

Cheryls Aussage wurde vor Gericht verlesen, und sie deckte sich wortwörtlich mit der ihrer Mutter. All das hat der Advokat Jerry Giesler durch sein rechtzeitiges Eintreffen am Tatort arrangieren können. Den Rest des Vertuschungsmanövers schmiedete er mithilfe von Hollywoods mächtiger Filmindustrie, die auf ein Zugpferd wie Lana Turner nicht verzichten mochte.

Lana Turner stirbt am 29. Juni 1995 im Alter von 74 Jahren in Los Angeles. Sie hatte noch mehrere Bekanntschaften, immer wieder mit Männern, die sie bestahlen, missbrauchten und die Prominenz ihres Namens für ihre Zwecke benutzten. Nicht so der Letzte, der Friseur Eric Root, der vierzehn Jahre an ihrer Seite ausharrte und sich ehrlich bemühte, sie vom Alkohol loszubekommen. Er veröffentlichte nach ihrem Tod *Das private Tagebuch meines Lebens mit Lana,* in dem er mit der Sensation aufwartete, dass die Diva ihm 1985 gestanden hätte, sie und nicht Cheryl hätte Stompanato getötet.

Turhan Bey drehte in Hollywood auch nach dem Krieg noch etliche Filme, verlegte seinen Hauptwohnsitz aber nach Österreich, wo er mehrere Kinos besaß und seinen Lebensabend der Fotokunst widmete. Als er uns an jenem Samstagmittag in Grinzing seine Geschichte mit Lana Turner erzählt hatte, fragte ich ihn, welche Version er denn für die richtige hielt. Lanas Mord oder Cheryls Notwehr?

»Ich kann es nicht sagen«, antwortete er. »Lana war ein wunderbarer Mensch und eine hinreißende Schauspielerin. Ich verstehe nicht, wie es so weit kommen konnte, und wenn ich an die Zeit mit

»Ach, wärst du nur bei Mama geblieben«: Turhan Bey, der Hollywood- schauspieler aus Wien

ihr zurückdenke, mache ich mir Vorwürfe, weil sie nach unserer Trennung in schlechte Gesellschaft geraten ist.«

Wir, Turhans Gäste in der Wiener Paradisgasse, verstanden jetzt Cheryls Widmung in dem Lana-Turner-Buch: »Lieber Turhan, ach, wärst du nur bei Mama geblieben, dann wäre uns das alles erspart geblieben.«

Turhan Bey starb am 30. September 2012 im Alter von neunzig Jahren. Sein Open House, in dem ich so viele interessante Stunden verbracht habe, führte er bis zuletzt.

Die Muse des Sonnenkönigs

Kreisky und die Schauspielerin Senta Wengraf

Sie war die letzte jener Schauspielerinnen, die man in Wien als »Salondame« bezeichnete. Senta Wengraf verkörperte auf der Bühne, im Film und im Fernsehen die eleganten Frauen der österreichischen Theaterliteratur. Populär wurde sie durch ihre Mitwirkung in den *Sissi*-Filmen und in Fernsehserien wie *Familie Leitner* und *Die liebe Familie*. Aufsehen erregte sie aber als Lebensmensch zweier großer Männer: Bruno Kreisky und Marcel Prawy.

Wie sie Schauspielerin wurde, kommt einem Märchen gleich: Die auffallend hübsche Wienerin spazierte im Jahr 1946 über die Ringstraße, auf der ihr Franz Antel entgegenkam, der sie aufhielt und zu ihr sagte: »Sie müssen zum Film!« Tage später bekam sie eine Hauptrolle in Österreichs erstem Nachkriegsfilm *Glaube an mich* unter der Regie Géza von Cziffras.

Danach nahm sie Schauspielunterricht und drehte mehr als zwanzig Kinofilme, darunter *Kaiserjäger* und *Der Bockerer*, vor allem aber die *Sissi*-Filme, in denen sie neben Romy Schneider die historische Figur der Gräfin Bellegarde spielte, einer engen Freundin und Hofdame der Kaiserin. Regisseur Ernst Marischka war von ihrer Darstellung so angetan, dass er die ursprünglich kleine Rolle zu einer wesentlich größeren und wichtigeren ausbaute.

Am 10. Mai 1924 als Tochter eines Versicherungsdirektors in Wien zur Welt gekommen, trat Senta Wengraf ein halbes Jahrhundert am Theater in der Josefstadt auf, in dem sie die ihr auf den Leib geschriebenen Salondamen spielte: in *Geschichten aus dem*

Wiener Wald, in *Lady Windermeres Fächer* und an den Kammerspielen fünfzehn Jahre lang in der Erfolgsproduktion *Othello darf nicht platzen* mit Otto Schenk, der sie ein ganzes Berufsleben lang begleitete.

Ihre vielleicht spannendste Rolle spielte Senta Wengraf aber an der Seite großer Männer. Mit Bruno Kreisky war sie achtzehn Jahre liiert. Kanzler und Schauspielerin hatten einander 1972 bei einem Fest an »ihrem« Theater in der Josefstadt kennengelernt. Von da an stand sie bis zu seinem Tod im Jahr 1990 »als eine Art Muse« an der Seite des Politikers. Und ja, es war eine »richtige« Beziehung, und für die geschiedene Senta Wengraf war es »die große Liebe«. Darüber hinaus war es natürlich, wie sie später gestand, »schmeichelhaft, von so einem imponierenden Mann wie Kreisky geliebt zu werden. Aber es war für mich auch eine Art Gefängnis. Denn natürlich wussten meine Kollegen am Theater davon. Wäre ich mit anderen ausgegangen, hätte es gleich geheißen, jetzt ist sie ihm untreu, was ja nicht stimmte. Ich habe höllisch aufgepasst, ihn nicht zu beschämen, ihm nicht zu schaden.«

Bruno Kreisky und Senta Wengraf, geschiedene Gräfin Herberstein, trafen einander fast täglich. Die für seine Sicherheit verantwortlichen Kriminalpolizisten waren eingeweiht und brachten den Regierungschef meist spätabends – beide waren Nachtmenschen – bis vor die Tür von Wengrafs Wohnhaus im neunten Wiener Gemeindebezirk.

Das Paar ging auch miteinander aus, sie »meist in Begleitung von Theaterkollegen, damit's nicht auffällt. Jeder wollte mit Kreisky ausgehen«, erinnerte sich Senta Wengraf. »Hab ich etwa Curd Jürgens gefragt, hat er sofort begeistert Ja gesagt, und wir gingen in größerer Runde zum Heurigen.«

Darüber hinaus waren Kreisky und Senta Wengraf in ständigem Telefonkontakt, wobei der Kanzler seiner Freundin nicht selten sein Herz ausschüttete. »Im Kanzleramt stand unter den vielen Telefonapparaten einer, den nur er benutzte, an dem nur er selbst wählte und abhob. Für mich war es unmöglich, in dieser Zeit mit irgendjemand anderem zu telefonieren, mein Apparat musste frei sein. Habe ich nicht gleich abgehoben oder war um Gottes willen etwas länger besetzt, ließ er gleich jemanden aus dem Kanzleramt zu mir kommen, ob mir auch nichts passiert sei.«

Senta Wengraf war viele Jahre auch Gast in der Loge des Bundeskanzlers am Opernball. Wie nicht anders zu erwarten, erfuhr Kreiskys Ehefrau Vera von der Beziehung, nachdem es ihr, so vermutete Senta Wengraf, »irgendeine charmante Opernsängerin einmal gesteckt hat«.

Der befürchtete Eklat blieb aus. »Meine Eltern«, erklärte Kreiskys mittlerweile verstorbener Sohn Peter, »waren trotz aller bürgerlichen Vorbehalte durch das liberale Klima in Schweden geprägt (wo Kreisky die Jahre der Emigration verbrachte, Anm.). Dort gab es bereits in den 1930er-Jahren eine offizielle Sexualaufklärung. Meine Eltern waren alles andere als kleinbürgerliche Denker, sie haben sich sicher über die Möglichkeiten einer offenen Ehegestaltung Gedanken gemacht. Ihre Beziehung war von Offenheit, aber auch von Diskretion gekennzeichnet.«

Es war jedenfalls keine Freundschaft, aus der Senta Wengraf irgendwelche Vorteile erwachsen wären, sie blieb immer im Hintergrund. Und es war keine Freundschaft, die auf die Sonnenstunden des »Sonnenkönigs« beschränkt war. Sondern auch nach dem Tod seiner Frau, die er – und das ist kein Widerspruch – über alles liebte. Und dann bis zu seinem Ableben.

Der Eklat blieb aus: Bundeskanzler Bruno Kreisky mit langjähriger Freundin Senta Wengraf

Peter Kreisky hat dazu gesagt: »Frau Wengraf war es, die sich auch und vor allem in den letzten Jahren seiner schweren Erkrankung um meinen Vater gekümmert hat.«

»Aus der Liebe zu Beginn ist später eine große Angst um seine Gesundheit geworden«, erzählte Senta Wengraf. »Und Mitleid mit seinen vielen, zum Teil schweren Leiden. Es war für mich ganz selbstverständlich, ihm bis zum Ende, so gut es ging, beizustehen.«

Als Gerücht war die Liaison schon im Umlauf, als er noch Bundeskanzler war, ich selbst wusste davon, behielt es aber – Diskretion im privaten Bereich war im damaligen Journalismus noch möglich – für mich. Senta Wengraf lüftete neun Jahre nach Kreiskys Tod das Geheimnis ihrer Beziehung gegenüber der Journalistin und Autorin Senta Ziegler für das 1999 erschienene Buch *Österreichs First Ladies* – dezent und ohne intime »Enthüllungen«.

Der zweite Große an Senta Wengrafs Seite war Marcel Prawy. Die Beziehung hatte zwar nur kurze Zeit gewährt, doch entstand daraus eine fünf Jahrzehnte andauernde Lebensfreundschaft. Auch wieder bis zu dessen Tod. Niemand konnte das Phänomen Prawy besser beschreiben als sie: »Er spricht sieben Sprachen, ist universell gebildet, aber im Alltag völlig hilflos. Sie können ihn im Sommer mit Pelzschuhen antreffen und im Winter vergisst er, dass es kalt ist.«

Wie nahe sie einander bis zuletzt waren, ersieht man daran, dass Prawy sein einzigartiges Archiv – aufbewahrt in rund zweitausend seiner legendären Plastiksackerln von »Aida« bis »Ziehrer« – Senta Wengraf vermacht hat. Sie schenkte es nach seinem Tod im Februar 2003 der Wiener Stadt- und Landesbibliothek, in der sein Nachlass jetzt der Musikforschung zur Verfügung steht. Dafür wurde sie mit dem Goldenen Verdienstzeichen des Landes Wien geehrt.

Senta Wengraf starb am 6. Dezember 2020 im Alter von 96 Jahren in Wien.

Den eigenen Tod geheim gehalten
Der stille Abgang des Schauspielers Sieghardt Rupp

Ein berühmter Mensch ist erst tot, wenn sein Ableben im Fernsehen, im Radio, in den Zeitungen, im Internet gemeldet wird. Dann bedauern Minister und Kulturstadträte den Verlust, dann werden Ehrengräber vergeben. Mir ist kein Fall bekannt, in dem ein Prominenter diese Welt verlassen hätte,

»Er ist vor einem Jahr gestorben«: Niemand wusste vom Tod des bekannten Schauspielers Sieghardt Rupp.

ohne dass dies innerhalb weniger Stunden bekannt geworden wäre – mit einer Ausnahme: Sieghardt Rupp war ein berühmter Schauspieler, doch es dauerte fast ein Jahr, bis die Öffentlichkeit von seinem Ableben erfuhr. Wie war das möglich?

Der Direktor des Filmarchivs Austria rief mich an. »Sie kennen doch Sieghardt Rupp«, sagte er.

»Ja, natürlich, den Schauspieler.«

»Er ist vor einem Jahr gestorben, und niemand weiß davon.«

»Das gibt's doch nicht.«

Und doch: Er war seit zehn Monaten tot, und niemand hatte es bis dahin erfahren. Es gab keine Nachrufe, keine Presseaussendungen, keine Parten, kein großes Begräbnis. Er ist einfach gestorben, ohne dass irgendjemand davon informiert wurde. Und das, obwohl Sieghardt Rupp sich als internationaler Filmstar, als *Tatort*-Kommissar und im Theater großer Beliebtheit erfreute.

Sieghardt Rupp hat seinen stillen Tod selbst inszeniert. Ich erreichte die einzige Person, die mit ihm in den letzten vier Jahren seines Lebens in Kontakt war. Elisabeth Stocker, Mitarbeiterin der christlichen Fürsorgeorganisation Caritas. »Ich musste ihm versprechen, dass wir seinen Tod nicht bekannt geben, sein Name durfte nicht einmal im Gräberregister der Wiener Friedhöfe aufscheinen«, erklärte Frau Stocker. »Herr Rupp hat sehr zurückgezogen gelebt, er wollte nicht in der Öffentlichkeit stehen.«

Und das über seinen Tod hinaus.

Sieghardt Rupp lebte fast bis zuletzt in seiner Wohnung in der Khevenhüllerstraße in Wien-Pötzleinsdorf und starb am 20. Juli 2015 im Alter von 84 Jahren in einem Wiener Krankenhaus. Danach wurde er in aller Stille am Neustifter Friedhof beerdigt. Dass sein Tod dann durch meinen Nachruf im *Kurier* vom 29. Mai 2016 bekannt wurde, war dem Filmarchiv Austria zu danken, das aus Anlass von Rupps 85. Geburtstag eine Retrospektive seiner Filme vorbereitet hatte. Aus diesem Grund schrieb Filmarchiv-Austria-Chef Ernst Kieninger am 17. Dezember 2015 – in der Annahme, dass Rupp am Leben sei – einen Brief an den Schauspieler, in dem er ihn zu einem Gespräch und zur Eröffnung der geplanten Retrospektive einlud.

Doch statt einer Antwort von Sieghardt Rupp kam ein Anruf von Frau Stocker, die Ernst Kieninger endlich über den geheim gehaltenen Tod des Schauspielers informierte.

Die Caritas-Mitarbeiterin, die die traurige Nachricht so lange für sich behielt, zeigte mir gegenüber Verständnis dafür, dass sich das Ableben des prominenten Schauspielers nicht länger verschweigen ließ und erinnerte sich an ihre Begegnungen mit Sieghardt Rupp: »Wir haben viele Gespräche geführt, er war ein tiefer, kluger und ernster Mensch, der aber auch Humor hatte und vor allem ein großes soziales Gewissen. Da bisher niemand wusste, dass er gestorben ist, langten an seiner Adresse immer noch Briefe mit Autogrammwünschen ein. Solange er konnte, hat er diese Anfragen beantwortet.«

Dass die Fanpost sogar aus Amerika, Kanada, Deutschland und aus vielen anderen Ländern kam, lag wohl an seinem größten internationalen Erfolg, dem 1964 gedrehten Italowestern *Für eine Handvoll Dollar*, in dem Rupp an der Seite von Clint Eastwood eine Hauptrolle spielte. Im deutschsprachigen Raum erlangte er in den 1970er-Jahren als frauenverführender Zollfahnder Kressin im *Tatort* große Popularität.

Sieghardt Rupp wurde am 14. Juni 1931 in Bregenz als Sohn eines Schuldirektors geboren, er absolvierte das Max Reinhardt Seminar, war in Klagenfurt, Salzburg und Linz engagiert, ehe man ihn 1959 ans Wiener Volkstheater holte. Dort wurde der maskuline Feschak von der *Rex*-Filmproduktion entdeckt und unter dem Namen Tommy Rupp als Liebhaber und Mädchenschwarm in Heimatfilmen eingesetzt. Und so hießen seine ersten Filme *Mädchen für die Mambo-Bar, Heimweh nach dir, mein grünes Tal, Die Försterchristel* – und sie dürften ganz und gar nicht nach seinem Geschmack gewesen sein.

Also schwenkte er nach dem Erfolg des Sergio-Leone-Klassikers *Für eine Handvoll Dollar* auf Schurkenrollen um und drehte etliche

Western- und Karl-May-Filme. Anspruchsvolleres wie *Steiner – Das Eiserne Kreuz*, *Der Bockerer* und *Weiningers Nacht* kamen erst später. Rupp drehte zahllose Fernsehserien und rund siebzig Kinofilme, in denen er mit Richard Burton, Rod Steiger, Stewart Granger, Klaus Kinski, Hildegard Knef und vielen anderen vor der Kamera stand.

Da er sehr zurückhaltend gelebt hat, ist über sein Privatleben wenig bekannt. Man weiß nur, dass Rupps Ehe nach dreißig Jahren geschieden wurde und dass er eine Tochter hatte, die ein Jahr vor ihm verstorben ist. In Kollegenkreisen galt er als verschlossen und schwierig, er litt zuweilen an Depressionen und überlebte 1985 einen Suizidversuch. Jahrelang als Schauspieler am Theater in der Josefstadt engagiert, trat er zuletzt im Rabenhof auf, wo er 1997 für seine Darstellung des Dirigenten Wilhelm Furtwängler in dem Stück *Der Fall Furtwängler* mit der Kainz-Medaille ausgezeichnet wurde.

Von seiner Ansprechperson Elisabeth Stocker war er offenbar so angetan, dass er die Caritas als Haupterbin einsetzte, die sein Vermögen sozialen Zwecken widmete. Rupps künstlerischen Nachlass überließ die Caritas dem Filmarchiv Austria, darunter Hunderte Filmfotos und Programmhefte, die sich in seiner Wohnung fanden.

Sieghardt Rupp zählte zur raren Sorte jener Schauspieler, die das Bad in der Menge mieden. Nur so kam es, dass er einen stillen, einsamen Tod starb, der nahezu ein Jahr lang geheim bleiben konnte.

Die Retrospektive zu Sieghardt Rupps 85. Geburtstag fand trotzdem statt. Posthum eben.

GESCHICHTEN
MIT GESCHICHTE

Mit dem Fahrrad in die Schlacht

Ein gefälschtes Gemälde zum Schmunzeln

Stellen Sie sich vor, Sie gehen in den Louvre, betrachten das Bildnis der Mona Lisa und stellen plötzlich fest, dass die weltberühmte junge Dame am rechten Handgelenk eine Rolex-Uhr trägt. Sie würden an sich selber zweifeln, denn Leonardo da Vinci hat sein Meisterwerk Anfang des 16. Jahrhunderts gemalt, während die ersten Armbanduhren erst dreihundert Jahre später angefertigt wurden, geschweige denn die von Rolex. Es gibt nur zwei Möglichkeiten: Entweder Sie wurden von einem Tagtraum eingeholt. Oder jemand hat die Uhr nachträglich ins Bild gezeichnet. So ähnlich verhält es sich bei einem Schlachtengemälde aus der Zeit des Prinzen Eugen, das in den Prunkräumen seines Winterpalais in der Wiener Himmelpfortgasse hängt. Denn quer durch das Bild strampelt ein Bote auf einem Fahrrad. Und das zu einer Zeit, in der das Fahrrad noch lange nicht erfunden war.

Ich habe der skurrilen Geschichte des Ölgemäldes *Die Schlacht von Turin*, das im »Schlachtenbildersaal« des Winterpalais hängt, schon einmal, im Jahr 1998, nachzugehen versucht. Mit dem Resultat, dass die Existenz des auf einem Hochrad sitzenden Radfahrers ein Rätsel blieb. Selbst versierte Kunstexperten konnten nicht erklären, wie der Sportsmann ins falsche Jahrhundert gelangt war.

Nur so viel stand damals schon fest: Der sechs mal vier Meter große »Kolossalschinken« wurde vom französischen Schlachtenmaler Ignace Jacques Parrocel angefertigt und zeigt eine der vielen siegreichen Gefechte des Prinzen Eugen von Savoyen. Doch der Rad fahrende Bote – heute würde man ihn Veloce nennen – konnte nicht von Monsieur Parrocel stammen, da der Maler 1722 verstorben ist, das erste Fahrrad aber nachweislich erst im Jahr 1817 von dem deutschen Forstbeamten Karl Freiherr von Drais konstruiert wurde.

Klar war auch, dass das überdimensionale Bild fast zweihundert Jahre ohne Radfahrer im Winterpalais in der Wiener Innenstadt gehangen war. Wie der Mann auf seinem Drahtesel ins Bild kam, blieb ungeklärt.

Bis mein Schriftstellerkollege Dietmar Grieser das Buch *Verborgener Ruhm – Österreichs heimliche Genies* schrieb und einmal mehr den kuriosen, in das Bild manipulierten »Fake News« nachging.

Die Recherchen führten Grieser zum Wiener Kunsthistoriker Wolfgang Prohaska, der sich im Jahr 2014 durch die Inventarbücher des Kunsthistorischen Museums gekämpft hat, in denen die Daten zahlreicher Objekte lückenlos aufgelistet sind.

Und er wurde fündig. Das Bild war, wie Professor Prohaska herausfand, von Mitte Juli bis Ende September 1900 einer Restaurierung unterzogen worden, wozu vor allem Retuschier- und Reinigungsarbeiten, die Erneuerung abgelöster Farbschichten und die Verstärkung der brüchig gewordenen Leinwand gehörten.

Wer aber war der »Täter«, der das Zweirad ins falsche Jahrhundert gelenkt hat?

Glücklicherweise sind in den Inventarbüchern auch die Namen der jeweiligen Restauratoren vermerkt. Im Falle der *Schlacht von*

Wie kam der
Radfahrer (ver-
größert im Kreis)
in das monumen-
tale Schlachtenbild
im Winterpalais
des Prinzen
Eugen?

Turin war es der Restaurator Viktor Jasper, ein gebürtiger Wiener, der von 1848 bis 1931 gelebt hat. Und es gibt keinen Zweifel: Jasper war es, der das riesige Schlachtenbild im Auftrag des k. k. Finanzministeriums – mit Sitz im Winterpalais des Prinzen Eugen – einer gründlichen Runderneuerung unterzog, und er war auch der Einzige, der die Gelegenheit, aber auch die künstlerischen Fähigkeiten hatte, den Radfahrer in das Schlachtengemälde »hineinzuschwindeln«. Viktor Jasper war nicht nur ein glänzender Restaurator, er war auch ein ausgebildeter Kupferstecher und Maler, sein Lehrer war kein Geringerer als der große Anselm Feuerbach.

Logischerweise hatte Jasper zur Jahrhundertwende ein Hochrad mit überdimensionalem Vorder- und kleinem Hinterrad – wie sie damals typisch waren – in die Schlacht gemalt.

Warum aber?

»Es kommt immer wieder vor«, erklärt Professor Prohaska, »dass sich Restauratoren solche Scherze erlauben, vielleicht weil es frustrierend ist, immer nur die Arbeiten anderer auszubessern, da kann man schon einmal Lust bekommen, etwas Eigenes zu schaffen – und sei es auch nur ein kleiner Radfahrer.«

Ein Gerücht besagt, dass Jasper vom österreichischen Staat den Auftrag erhalten hatte, das damals rund zweihundert Jahre alte Schlachtenbild zu restaurieren. Doch da der gute Mann für die Instandhaltung des Kunstwerks nur einen Bruchteil des vereinbarten Honorars bekam, revanchierte er sich mit dieser kleinen, aber feinen Gemeinheit: Ehe der Meister sämtliche Soldaten und Pferde in mühsamer Kleinarbeit Pinselstrich für Pinselstrich restauriert und das Gemälde schließlich an das Finanzministerium retourniert hatte, »bereicherte« er es noch um eine eigene Schöpfung: den schmucken Radfahrer, den er anachronistisch ins Bild setzte. Dieser

Racheakt im Zusammenhang mit der »Fälschungsaffäre« lässt sich aber nicht eindeutig nachweisen.

So mancher Kunstfreund wird die Übermalung als Vandalenakt verurteilen, anderen wird der Streich des Restaurators eher ein Lächeln abgewinnen. Fest steht, dass der kaiserliche »Meldebote« auf seinem Bicycle so ganz und gar nicht in das übrige Kriegsgeschehen passt, bei dem Hunderte Männer ausschließlich hoch zu Ross oder per pedes unterwegs sind. Und nur ein einziger mit dem Fahrrad.

Dass das Ölgemälde im ehemaligen Winterpalais des Prinzen Eugen hängt, ist kein Zufall. War's doch der »edle Ritter«, der am 7. September 1706 für das Haus Habsburg nach Turin gezogen ist – und Österreich dort zu einem fulminanten Sieg verhalf. Wie so oft hatte der geniale Stratege den Feind durch eine besondere List in die Irre geführt: Statt die zahlenmäßig stark überlegenen Franzosen von der Richtung her anzugreifen, aus der er mit dem kaiserlichen Heer anmarschiert war, packte sie Prinz Eugen an ihrer schwächsten Stelle und fiel ihnen buchstäblich in den Rücken. Die unter Führung des Herzogs von Orléans stehenden Franzosen ergaben sich gleich am ersten Tag der Schlacht, womit das Königreich Italien an Österreich fiel.

Derartige Kolossalgemälde – Ignace Jacques Parrocel hat allein für den Prinzen Eugen sieben große Schlachtenbilder gemalt – sind natürlich nicht wie Fotos am Ort des Gemetzels entstanden, sondern im Atelier oder einem anderen sehr großen Raum, meist lange nach dem Ereignis – bei der *Schlacht von Turin* beispielsweise 1711, also fünf Jahre später. Die Darstellungen entsprechen vielfach der Fantasie des Künstlers und den Wünschen des Auftraggebers sowie Erzählungen von Generälen und anderen Zeitzeugen, die an der Schlacht teilgenommen haben.

*Erlaubte sich
einen Scherz: der
Kunstrestaurator
Viktor Jasper*

Nachdem Parrocel die kriegerischen Ereignisse von Turin für alle Zeiten festgehalten hatte, sollte das Bild noch eine wahre Odyssee durchmachen. Maria Theresia ließ es nach Prinz Eugens Tod aus dem Stadtpalais schaffen, woraufhin es Jahrzehnte an einem heute unbekannten Ort lagerte. Als Napoleon 1805 Wien einnahm, landete das Bild als »Beutegut« im Pariser Louvre – um nach zehn Jahren wieder zurückzukehren und im Depot des k. u. k. Hofmuseums zu verstauben. Der nächste Schritt war dann die Restaurierung durch Herrn Jasper samt »Ergänzung« um einen Radfahrer.

Erst 1946 kam das Bild wieder an seinen Ursprungsort, das von Johann Bernhard Fischer von Erlach und Johann Lucas von Hildebrandt für den Prinzen Eugen erbaute Barockpalais in der Himmelpfortgasse. Ohne dass vorerst irgendjemand den knapp fünf Zentimeter großen Radfahrer bemerkt hätte. Weshalb der Name des ebenso kreativen wie humorbegabten Restaurators auch so lange unbekannt blieb.

»Der edle Ritter« gab das Schlachtenbild in Auftrag: Prinz Eugen von Savoyen

Die Feste im prunkvollen Winterpalais des Prinzen Eugen sind legendär, er hat hier feudal gelebt und ist hier einsam gestorben. Von 1848 bis 2007 war der Barockpalast Sitz des Finanzministeriums, heute dienen die Prunkräume in der Beletage der Repräsentation, während die Büros der Steuerbehörde in einem angrenzenden Gebäude in der Johannesgasse untergebracht sind.

Da sich der Radfahrer durch seine späte Ankunft mehrere Jahrhunderte lang seinen fiskalischen Verpflichtungen entzogen hat, liegt die Frage nahe, ob das stets auf möglichst hohe Erträgnisse erpichte Finanzministerium nicht eine saftige Nachzahlung fällig stellen könnte.

Aber nein, die Angelegenheit ist glücklicherweise schon verjährt.

»Meine Absicht war, den Mann auszulöschen«

Interview mit einem Attentäter

Es kommt nicht oft vor, dass Attentäter Interviews geben. Erstens, weil sie im Normalfall für längere Zeit hinter Gittern sitzen und somit kaum Gelegenheit haben, sich ob ihrer Tat zu äußern. Und zweitens, weil sie in den seltensten Fällen mit Stolz auf ihr Verbrechen zurückblicken. Anders verhält es sich im Fall Otto Rothstock, der im März 1925 den Journalisten Hugo Bettauer in dessen Redaktionsräumen in der Wiener Lange Gasse erschossen hat. Der Attentäter ist so gut wie straffrei davongekommen und erklärte sich nach einem halben Jahrhundert bereit, in der ORF-Sendung *Teleobjektiv* über sein Delikt zu sprechen. Ich habe für dieses Buch eine Abschrift des Interviews aus dem Fernseharchiv ausgegraben. Es wurde von Peter Huemer, dem späteren Chef des *Club 2*, geführt. Ein Wort des Bedauerns kam Rothstock in dem am 22. November 1976 geführten Gespräch nicht über die Lippen, im Gegenteil, er schien auch nach so langer Zeit noch

Opfer eines Attentats:
der Wiener Schrift-
steller und Journalist
Hugo Bettauer

geradezu stolz auf die »Auslöschung«, wie er sagte, seines Opfers
zu sein.

Hugo Bettauer war einer der erfolgreichsten Schriftsteller, Film-
autoren und Journalisten im Wien der Zwischenkriegszeit, er
arbeitete vorübergehend auch in New York und Berlin. Ab 1924 gab
er in Wien die liberale Zeitung *Bettauers Wochenschrift* heraus, in der
er sich vor allem für sexuelle Aufklärung, für legalen Schwanger-
schaftsabbruch, ein modernes Scheidungsrecht und für straffreie
Homosexualität einsetzte.

Bettauers auflagenstarke Zeitschrift sorgte immer wieder für
Skandale, die der arbeitslose Zahntechniker Otto Rothstock in den
Medien verfolgte. Rothstock war mit seinen 21 Jahren bereits Mit-
glied der NSDAP gewesen und wieder ausgetreten. Obwohl er der
Partei nicht mehr angehörte, wurde er nach Bettauers Tod von
Nazianwälten und -freunden unterstützt. Des Mordes angeklagt,

wurde Rothstock von einem Geschworenengericht freigesprochen und in eine psychiatrische Klinik eingewiesen, die er nach achtzehn Monaten, Ende Mai 1927, als freier Mann verlassen konnte.

Knapp fünfzig Jahre später kommt es zu dem Interview in Rothstocks Wohnung in Hannover, wo er als mittlerweile verheirateter Mann lebte.

Peter Huemers erste Frage vor laufender Kamera lautet, warum Rothstock das Attentat auf Hugo Bettauer verübt hat. Weil dieser mit seinen Schriften »die Jugend zum abnormen Geschlechtsverkehr durch Porno übelster Art aufgeputscht« hätte, antwortet der Täter. Als weiteres Motiv gibt der mittlerweile 73-jährige Pensionist die Missachtung der Frau als »Mutter und Lebensgefährtin« an. »Meine Absicht war, dem Mann das sogenannte Handwerk zu legen, der sich anmaßte, die deutsche Jugend in Erotik zu unterrichten.«

Dabei war die Sexualität nur eines von vielen Themen, über die Hugo Bettauer publizierte. Der zum evangelischen Glauben konvertierte Sohn eines jüdischen Börsenmaklers klärte als Investigativjournalist Skandale auf, war Auslandskorrespondent, Kriegsberichterstatter, schrieb Kabaretttexte sowie Romane, die oft verfilmt wurden. Die bekanntesten Filme sind *Die Stadt ohne Juden* (1924), in dem Hans Moser seine erste Hauptrolle spielte, und *Die freudlose Gasse* (1925), mit dem Greta Garbo in der Regie von G. W. Pabst ihr Leinwanddebüt feierte.

Während seine Anhänger Bettauer als visionären Aufklärer sahen, erschien er nationalen und katholischen Gegnern als »Dämon und Pornograph«. So auch Otto Rothstock. Dieser zog, als er am 10. März 1925 in Bettauers Redaktionsräume eingedrungen war, seinen Revolver, gab fünf Schüsse ab, wartete auf das Eintreffen der Polizei, von der er sich widerstandslos verhaften ließ, und legte ein

Geständnis ab. Gleichzeitig wurde der 52-jährige Hugo Bettauer ins Allgemeine Krankenhaus gebracht, wo er sechzehn Tage später, am 26. März 1925, seinen schweren Verletzungen erlag.

Auf Peter Huemers Frage, ob er von Anfang an die Absicht hatte, Bettauer zu töten, erklärt Rothstock: »Ja, das kann ich Ihnen auch sagen. Der Untersuchungsrichter ließ mich eines Morgens zu einer Vernehmung kommen, um mir zu eröffnen, dass Bettauer gestorben ist und die Anklage nun auf Mord erfolgen wird. Ich habe ihm gesagt, ich weiß, dass Herr Bettauer tot ist ... Der letzte Schuss war ein Bauchschuss und von diesem Schuss wird er sich nicht erholen. Ich gebe zu, meine Absicht war, den Mann auszulöschen, ohne Hass ... Das Ganze war ein Alarmschuss für die Gesetzgeber, die alles im Kopf hatten, nur nicht die Jugend.«

Als Huemer wissen will, ob ihn irgendjemand zu dem Attentat angestiftet hat, antwortet Rothstock: »Nein, mich hat niemand angestiftet, das habe ich ja damals schon erklärt.«

Eine andere Meinung vertritt der Historiker Valentin Fuchs, der in seinem 2022 erschienenen Buch *Die Hinrichtung Hugo Bettauers* Indizien nennt, die auf Komplizen im rechtsextremen Lager hinweisen. So wurde Bettauers Wohnhaus laut Zeugenaussagen über längere Zeit von jungen Männern ausspioniert, andere sahen vor dem Redaktionsgebäude in der Lange Gasse 5–7 zur Tatzeit zwielichtige Gestalten auf und ab gehen. Weiters wurde während einer Bahnfahrt ein Gespräch zweier Fahrgäste belauscht, die ein Mordkomplott gegen Bettauer schmiedeten. Der später weltberühmte Hollywoodregisseur Billy Wilder schrieb damals als Reporter der Wiener Tageszeitung *Die Stunde* von verdächtigen Männern am Tatort, was er später vor Gericht, als Zeuge befragt, bestätigte.

Hatte Otto Rothstock also Komplizen, die nie zur Verantwortung gezogen wurden? »Die Anstiftung kam durch ein Erlebnis, das außerirdischen Ursprungs war«, schwadroniert Rothstock, doch wolle er darüber nicht sprechen. »Ihnen habe ich's erzählt. Vor der Kamera will ich das nicht erzählen.« Peter Huemer erinnert sich heute: »Rothstock behauptete bei ausgeschalteter Kamera, der Erzengel Gabriel hätte ihm den Auftrag zu der Tat gegeben.«

Da drängt sich die Frage auf: »Sie wurden im Prozess wegen Sinnesverwirrung freigesprochen. Waren Sie sinnesverwirrt?«

Rothstock: »Ehrlich gesagt, ich war nie sinnesverwirrt. Ich wusste stets, was ich tue und was ich will. Ich habe natürlich um meine Freiheit gekämpft. Ich hatte nicht die Lust, viele Jahre im Gefängnis zu verleben, für eine Tat, mit der ich nur Gutes erreichen wollte. Und damit kam es dann zu dieser Verteidigung, damit die Richter die Möglichkeit haben, bei der Schuldfrage, ob ich zur Zeit der Tat sinnesverwirrt war, mich freizusprechen.«

»Das heißt, Sie haben dem Gericht etwas vorgespielt.«

»Ja, ich habe nach der Frage, wie es zu dieser Tat kam, eine kurze Ansprache gehalten, aus der man entnehmen konnte, na der Junge scheint ein bisschen verrückt zu sein, aber ich wusste genau, was ich sagte.«

Im Übrigen hätte er es »gar nicht als Unrecht empfunden«, wenn er ins Gefängnis gekommen wäre. »Ich hätte es für selbstverständlich gehalten, dass ich dafür eine Strafe bekommen muss ... Aber ich hatte keine Lust, ich wollte irgendwelche mildernde Umstände haben. Damals war die Masse der Presse, die in jüdischen Händen war, sehr aufgebracht gegen mich.«

»Haben Sie auch Zustimmung für Ihre Tat gefunden?«

»Ich hatte sehr viel Zustimmung. Ich habe sogar Schreiben aus Amerika bekommen, die mir Mut zusprachen. Aber ich brauchte keinen Mutzuspruch. Ich habe gewusst, was ich getan habe und warum ich das getan habe ...«

»Ich habe gewusst, was ich getan habe und warum ich das getan habe«: Otto Rothstock erschoss Hugo Bettauer.

Otto Rothstock faselt dann – im Jahr 1976! – vom »Zusammenbruch unseres ehemaligen nationalsozialistischen Großdeutschlands«, er darf auch noch sagen, dass man von den Juden etwas lernen könne, dass am Nationalsozialismus »vieles gut war«, dass er, der Attentäter, sich immer bemüht habe, »gerecht, gut und anständig zu sein«, dass er – wenn er etwas zu sagen hätte – »die dekadente Gesellschaft von jedem Einfluss auf das Volk ausschalten würde«, ehe er dann wieder auf sein Lieblingsthema, die sogenannte Pornografie, zu sprechen kommt.

Und somit auf Hugo Bettauer. »Ich hatte das Gefühl, dass ich Gutes will, wenn auch ein Mensch dabei sein Leben beendet, aber da ich damals schon tiefreligiös war, war sein Tod in meinen Augen kein Tod.«

»Was geschah mit Ihnen, als Sie vom Gericht freigesprochen wurden?«

»Ich wurde aus dem Gerichtssaal in die Zelle zurückgebracht, verbrachte dort noch eine Nacht und am nächsten Morgen wurde ich in die Anstalt Steinhof überführt ... Ich wurde auf meinen Wunsch in eine Einzelzelle gesperrt und habe dort achtzehn Monate verbringen müssen.« Im Dritten Reich wurde Rothstock als »Judenmörder« geradezu heldenhaft verehrt, dass er dennoch keine Parteikarriere machte, lag laut Peter Huemer wohl daran, dass er auch in dieser Zeit als Querulant verschrien war.

Eleanor Weston wurde 1940 in Washington geboren, sie lebt in Seattle und ist Hugo Bettauers Enkelin. Ich traf sie, als sie im März 2018 anlässlich einer Aufführung des Films *Die Stadt ohne Juden* in Wien war. »In meiner Kindheit«, erzählte sie, »wurde nie über Hugo Bettauer gesprochen. Weder meine Großmutter, die ja seine Witwe war, noch mein Vater haben das Thema angeschnitten. Meine Eltern, die 1938 aus Österreich geflüchtet waren, wollten die Tür zur Vergangenheit schließen. Erst als ich nachfragte, was denn mit meinem Großvater passiert sei, erzählte man mir über dessen Ermordung in Wien.«

Als sie erwachsen war, begann sich Eleanor Weston mit dem Schicksal ihres Großvaters näher zu beschäftigen. »Durch Murray G. Hall, der eine Hugo-Bettauer-Biografie schrieb, erfuhr ich die Details. Und als ich in Wien war, besuchte ich die ehemalige Redaktion meines Großvaters am heutigen Hugo-Bettauer-Platz, wo er erschossen wurde. Heute befinden sich dort Wohnungen, deren Bewohner uns freundlich durch die Räume führten. Das war schon sehr bewegend für mich«, sagte die Enkelin. »Ich glaube, er muss ein großartiger Mann gewesen sein. Wie gerne hätte ich ihn doch kennengelernt.«

In seinem Interview fragt Peter Huemer Otto Rothstock zuletzt noch, ob er heute, also im Jahr 1976, noch einmal schießen würde. Die Antwort: »Mit meinem heutigen Verstand würde ich einen kleinen Schriftsteller nicht mehr aufs Korn nehmen. Ich müsste die Verantwortlichen für solche Entwicklung mir vorknöpfen, und dazu wäre vielleicht eine Tonne Dynamit nötig, das kann ich natürlich nicht machen. Außerdem bin ich 73 Jahre alt und habe meine Pflichten zu erfüllen, ich habe eine Frau, eine schöne Frau.«

Peter Huemer meint aus heutiger Sicht, dass Rothstock dem Interview zugestimmt hat, »weil es ihm gefiel, sich als alter Mann im Fernsehen darstellen zu können. Es war ihm wichtig, nicht als Narr dazustehen und zu zeigen, wie schlau er doch war, das Gericht hereingelegt zu haben, und dass das Gericht ihm nur allzu gern geglaubt hat. In Wirklichkeit war er natürlich ein Fanatiker, Nationalsozialist und Antisemit, und das war er zum Zeitpunkt des Interviews immer noch. Auf jeden Fall war er, soweit ich mich erinnere, mit seinem Auftritt im Fernsehen zufrieden.«

Nicht zufrieden war das Dokumentationsarchiv des österreichischen Widerstands, das Peter Huemer vorwarf, Otto Rothstock eine Plattform geboten zu haben, die kein Streitgespräch war. Der Interviewer erklärte damals, dass er das Porträt eines Naziattentäters zeigen wollte, das eben nur durch dessen Selbstdarstellung zustande kommen konnte.

Otto Rothstock starb am 26. Mai 1990 im Alter von 86 Jahren in Hannover. Wohl in der Meinung, alles richtig gemacht zu haben.

»Zum Verteidiger muss man geboren sein«

Erinnerungen an den »alten Stern«

Als junger Reporter in den 1970er-Jahren machte ich ein »Gerichtsjahr«, das heißt, ich berichtete ein Jahr lang über große oder aus anderen Gründen interessante Prozesse, meist aus dem Wiener Landesgericht. Kaum hatte mich dort Wiens berühmtester Anwalt Michael Stern wahrgenommen, lud er mich auch schon zum Frühstück in seine Kanzlei, was zwar eine große Ehre war, aber kein besonderes Vergnügen, zumal »der alte Stern« um fünf Uhr Früh zu frühstücken pflegte.

Stern war immer darauf bedacht, dass »seine« Prozesse in den Medien den entsprechenden Niederschlag fanden, und da das dank seiner Prominenz meist der Fall war, hatte Stern in einem Nebenzimmer eine riesige Sammlung von Zeitungsausschnitten aufbewahrt, in denen über seine Prozesse berichtet wurde.

Seine Kanzlei glich eher einem Kontor aus einem Nestroy-Stück denn einem Büro des 20. Jahrhunderts. Für seine Mitarbeiter war in jenen Tagen die elektrische Schreibmaschine noch nicht erfunden, und wer die Installierung eines Computers vorgeschlagen hätte, wäre vom Chef für verrückt erklärt worden. Der als knausrig bekannte Dr. Stern hechelte auch ständig von einem Büroraum zum anderen, um darauf zu achten, dass sämtliche Lichter abgedreht würden. Ebenso war er darauf erpicht, Papier zu sparen. »Das Kanzleipapier«, lautete einer seiner unverrückbaren Grundsätze, »schneide ich immer in der Mitte durch, weil unten sowieso nichts steht.«

Wie kein anderer konnte Stern Anekdoten aus seinem Advokatenleben erzählen, etwa die von einem Dachdeckergehilfen, den er verteidigte, weil er seinen berufsmäßigen Zugang zu Wohnhäusern für Diebestouren missbraucht hatte. Nachdem Dr. Stern vor Gericht eine Notlage konstruierte, die man als mildernden Umstand werten sollte, fragte der Vorsitzende nach dem Wochenverdienst des Dachdeckers. Worauf dieser eine Summe nannte, die den Richter staunen ließ: »Das ist ja mehr als mein Monatsgehalt!«

»Natürlich, Herr Rat«, argumentierte der Angeklagte, »aber i arbeit ja was!«

»Aber i arbeit ja was«: Wiens Staranwalt Michael Stern erzählte gern aus seinem Advokatenleben.

Im hohen Alter schlief Stern zuweilen während der Verhandlungen ein, wachte aber stets dann auf, wenn es darum ging, seinen Mandanten mit einem brillanten Plädoyer vor einer hohen Strafe zu bewahren. Am Schluss forderte er die Geschworenen auf, dem Angeklagten zu einem Freispruch zu verhelfen, da dieser garantiert schuldlos sei. Dies müsse man einem greisen Anwalt glauben, »dessen nächster Prozess schon vor dem Jüngsten Gericht stattfinden« werde, da er bereits »mit einem Fuß im Grab« stehe. In diesem »stand« er dann rund zwanzig Jahre, in denen zahllosen Geschworenen Tränen in die Augen schossen. Mit ähnlichen Worten rettete Stern auch eine der Abtreibung verdächtigte Hebamme vor der sicheren Verurteilung. Obwohl viele Indizien gegen die »Engelmacherin« sprachen, gelang es ihm, einen Freispruch zu erwirken, weil die Abtreibungen, wie Stern behauptete, nie stattgefunden hätten. Leider erklärte die Frau dem Richter zum Entsetzen ihres Advokaten nach dem Ende des Prozesses: »Vielen Dank, Herr Rat! Und ich werd's auch sicher nimmer mehr machen!«

Die eben noch von den Kiebitzen im Gerichtssaal vergossenen Tränen wichen allgemeinen Heiterkeitsausbrüchen.

Stern hat eine außergewöhnliche Biografie, war er doch einer von dreißig jüdischen Rechtsanwälten, die man nach 1938 weiter als »Rechtskonsulenten« in Wien arbeiten ließ. Dass er bis Kriegsende »nichtarische Klienten« vertreten durfte – meist um ihnen die Ausreise zu ermöglichen – verdankte Stern der Ehe mit seiner nichtjüdischen Frau Edith, die sich trotz des enormen Drucks, der auf sie ausgeübt wurde, standhaft weigerte, sich von ihrem Mann scheiden zu lassen, und ihn damit vor der sicheren Verfolgung schützte.

Nach dem Krieg erlangte Michael Stern Ansehen als Anwalt prominenter Klienten wie Martina Hörbiger, der Eigentümerin der Hörbiger-Ventilwerke, aber auch in spektakulären Strafprozessen – allen voran gegen Adrienne Eckhardt, die »Mörderin mit dem Engelsgesicht«, oder im Fall des Massenmörders Engleder.

Im Mittelpunkt einer der Anekdoten, die mir Dr. Stern bei unserem morgendlichen Frühstück erzählte, stand ein Telegramm, das er nach Abschluss seines Prozesses einem Mandanten schickte: »Die gerechte Sache hat gesiegt.«

Worauf dieser antwortete: »Sofort Berufung einlegen!«

In seiner Glanzzeit war »der alte Stern« so populär, dass Karl Farkas in einer Simpl-Conférence einen Reim auf ihn schmiedete: »Bleibst du gern dem Häfen fern, nimm dir nur den Doktor Stern.«

»Zum Verteidiger muss man geboren sein«, sagte er mir damals in seiner Kanzlei und machte für seinen Erfolg »genaue Sachkenntnis, Studium der Gesetzesstellen, das emsige Durchackern aller Für und Wider« verantwortlich. »Ich versuche in erster Linie den Leuten zu helfen, ob Generaldirektor oder kleiner Mann. Und wenn dann der Freispruch verkündet wird, ist das für mich so wie für jemand anderen eine Arie von Richard Wagner. Ich verteidige jeden und habe noch nie einen gefragt, ob er es getan hat oder nicht. Sonst wäre ich ja befangen.«

Einzige Ausnahme: »Jemanden, der der Tierquälerei angeklagt ist, den würde ich nicht verteidigen.« Dafür sei er zu sehr Tierfreund.

Der gewiefte Jurist wusste seine Prominenz auch als Kulturfreund zu nützen. So läutete eines frühen Morgens in der Wiener Wohnung des nicht minder legendären Burgtheaterdirektors Ernst Haeusserman das Telefon. Es war knapp nach fünf Uhr Früh.

Haeusserman, der damals Max Reinhardts traditionell ausverkaufte *Jedermann*-Inszenierung für die Salzburger Festspiele betreute, war Nachtmensch und infolgedessen Langschläfer. Keiner

111

hätte es je gewagt, ihn vor zehn Uhr Vormittag zu belästigen. Nur einer: der Morgenmensch Michael Stern.

Das Burgtheater musste brennen, anders war eine Störung zu dieser Stunde nicht erklarbar.

Doch der Grund des Anrufes war ein ganz anderer. »Hier spricht Dr. Stern«, verkündete die verdächtig munter klingende Stimme am anderen Ende der Leitung. Haeusserman ließ sich schlaftrunken in einen nahen Fauteuil fallen und lauschte den brillant gesetzten Worten des Strafverteidigers.

»Mein lieber Hofrat Haeusserman«, hob der alte Stern an, »ich lasse gerade mein Leben Revue passieren. Und da fällt mir ein, dass wir uns jetzt schon seit so vielen Jahren kennen. Da hab ich mir gedacht, es wär doch nett, wir würden uns Du sagen.«

Haeusserman war gerührt, fühlte sich geehrt – nur eines konnte er sich beim besten Willen nicht erklären: Warum, um alles in der Welt, musste die Verbrüderung ausgerechnet am Telefon erfolgen?

Und vor allem: zu dieser Stunde!

Wie auch immer, sie riefen einander »Servus, Ernstl« und »Servus, Michael« zu, und als Haeusserman endlich den Hörer auflegen wollte, um die gestörte Nachtruhe wieder aufnehmen zu können, fügte der alte Stern schnell noch an: »Ach ja, lieber Ernstl! Weil wir grade so nett miteinander plaudern, hätt ich eine Frage an dich: Hast du noch zwei Karten für den *Jedermann* am nächsten Sonntag?«

Mit seinem Aufstieg zum berühmtesten Advokaten des Landes stieg auch das Vermögen des alten Stern, das er sehr geschickt in Immobilien – Villen in Grinzing und Zinshäuser in der Innenstadt – anzulegen wusste.

Michael Stern wurde 92 Jahre alt. Der Tod ereilte ihn im Dezember 1989 – ebendort, wo er es sich gewünscht hatte: in seiner Kanzlei auf der Wiener Seilerstätte, in der er jeden Tag ab vier Uhr Früh anzutreffen und bis zur letzten Stunde seines Lebens tätig war.

Das treffendste Stern-Zitat ist auf seinen Sohn Peter, den sogenannten »jungen Stern«, bezogen, der in jenen Tagen freilich auch schon um die sechzig war, sich aber, wie er selbst bekundete, »diametral vom Vater unterschied«. In Gerichtskreisen munkelte man, mit einem etwas mitleidigen Blick auf den Juniorchef der renommierten Kanzlei, dass »dem alten Stern das Zeugen vor Gericht« meist besser gelungen sei als im Privatleben.

Als der nun schon 88 Jahre alt gewordene Michael Stern gefragt wurde, wie lang er denn noch als Anwalt tätig sein werde, antwortete er, sorgenvoll in die Zukunft blickend: »Fünf Jahr muss ich noch arbeiten, bis der Bub in Pension gehen kann.«

Der alte Stern hat dieses Ziel um wenige Monate verfehlt, er lebte (und verteidigte) von da an noch viereinhalb Jahre. Nicht lang genug jedenfalls, um »den Buben in Pension« schicken zu können. Dr. Peter Stern brachte nach dem Tod des Vaters das Kunststück zuwege, die Kanzlei und die vom alten Stern angehäuften Immobilien zu verlieren.

Adlmüller verpflichtet

Begegnungen mit Wiens Modezaren

In den Tagen, als ich die Biografien großer Österreicher wie Paul Hörbiger, Hans Moser, Karl Farkas, Maxi Böhm oder Katharina Schratt schrieb, wandten sich viele Prominente mit der Frage an mich, ob ich nicht auch ihre Memoiren schreiben könnte, als Ghostwriter quasi. Einer von ihnen war Wiens Modezar Fred Adlmüller. Er lud mich in seinen eleganten Salon auf der Kärntner Straße ein und sagte geradeheraus: »Sie sind der richtige Mann, ich habe viel zu erzählen.«

Ich hatte damals so viele Angebote, dass ich unmöglich auch nur einen kleinen Teil davon annehmen konnte, und so sagte ich zu Adlmüller höflich, aber bestimmt, dass ich, so leid es mir täte, sein Buch nicht schreiben könnte.

Der Professor und Hofrat – mit diesen beiden Titeln war der »Modezar« von der Republik ausgezeichnet worden – stützte seinen Kopf in beide Hände und fragte: »Kennen Sie vielleicht jemanden, einen Kollegen, der das für mich schreiben könnte?«

Ich überlegte kurz und nannte ihm den Namen eines jungen Mannes, der eben sein erstes Buch herausgebracht hatte und den ich empfehlen könne.

Jeder andere hätte erwidert: »Kann er gut schreiben, wie ist sein Stil, hat er eine Ahnung von Mode …?«

Fred Adlmüller jedoch fragte, wie aus der Pistole geschossen: »Wie sieht er aus?«

Bei Adlmüller drehte sich eben alles um die Ästhetik.

Aus der Zusammenarbeit mit dem jungen Mann wurde nichts –

das Buch schrieb dann Adlmüllers langjähriger Lebensgefährte Herbert Schill.

Einmal habe ich aber doch über Adlmüller geschrieben – kein Buch, aber einen Zeitungsartikel zu seinem achtzigsten (und letzten) Geburtstag, den er am 16. März 1989 mit einem Riesenspektakel im Schloss Schönbrunn gefeiert hat. Der Titel meiner Geschichte lautete »Adlmüller verpflichtet«, und er erzählte darin, wie er die Reichen und Schönen seiner Zeit in Samt und Seide hüllte, ihnen aber auch Freund, Intimus und Berater war. Und so weit mehr als Modegeschichte schrieb.

Ein kleines Beispiel aus seinem unerschöpflichen Repertoire: »Willi Forst, dessen Filme ich ausgestattet habe, las mir immer seine Drehbücher vor, ehe er an die Besetzung dachte. Anfang der 1950er-Jahre zeigte er mir ein Drehbuch mit dem Titel *Die Sünderin* und fragte mich: ›Fred, weißt du eine Hauptdarstellerin für diesen Film?‹ Ich hatte kurz vorher zufällig eine junge Schauspielerin namens Hildegard Knef im Kino gesehen und empfahl sie Forst.« Richtig, Forst machte die Knef zur *Sünderin*, die mit einer Nacktszene in diesem Film über Nacht berühmt und nach Hollywood engagiert wurde.

Curd Jürgens zählte einst mit all seinen Ehefrauen ebenso zum Kreis von Adlmüllers Kunden wie Herbert von Karajan, dem er sämtliche Fracks anfertigte. Vor allem aber kreierte er die prächtigen Bühnenroben der Film-, Fernseh-, Theater- und Opernprominenz, entwarf die Kostüme für Lisa della Casa und Hilde Güden, stattete Christa Ludwig aus sowie Anneliese Rothenberger, Paula Wessely, Zarah Leander und Marika Rökk. Ljuba Welitsch ließ sich ihre *Salome*-Robe gar von Adlmüller an die New Yorker Met liefern. »Dabei kann ich nicht einmal einen Knopf annähen«, gestand er,

»ich habe weder schneidern noch zeichnen gelernt, ich hab überhaupt nichts gelernt. Ich habe nur ein Gefühl dafür, wie man die Menschen so anzieht, dass es für sie vorteilhaft ist.«

Es war im Jahr 1929, als er nur für ein paar Tage nach Wien kommen wollte, um Freunde zu besuchen. »Und jetzt bin ich noch immer da«, lachte der gebürtige Nürnberger bei unserem damaligen Interview und strich sich durchs perfekt gekämmte schlohweiße Haar. »Mein Vater war Hotelier und wollte, dass ich seinen Betrieb übernehme.« Doch als Fred vor dem Bühnentürl dem Ausstattungschef der Wiener Staatsoper vorgestellt wurde, hatte er einen neuen Traumberuf. Denn der berühmte Designer sagte ihm noch am selben Abend: »Sie haben das Zeug zur Mode.« Der zwanzigjährige unternehmungslustige Bursche war Feuer und Flamme, blieb in Wien und wurde Volontär im eleganten Modegeschäft Zwieback.

Zwei Jahre später spazierte er »an einem herrlichen Frühlingstag über die Kärntner Straße« und setzte den nächsten Schritt auf dem Weg zum Modezaren: Er betrat das im Palais Esterházy gelegene renommierte Geschäft der Firma Stone & Blyth, das damals gerade von Whisky, Keksen und Marmelade auf Mode umgestellt hatte. »Ich fragte, ob sie nicht einen Verkäufer suchen.« Er wurde aufgenommen und entwarf innerhalb kürzester Zeit seine ersten Kollektionen für das Modehaus – das später ihm gehören sollte.

»Schon damals in den 1930er-Jahren habe ich für die Opern- und Theaterstars gearbeitet und bald auch meine erste Filmausstattung gemacht.« Als die Besitzer der Firma 1938 emigrieren mussten, weigerte sich Adlmüller, Stone & Blyth zu »arisieren«, blieb jedoch Geschäftsführer und fuhr nach Kriegsende nach London, um die Firma den rechtmäßigen Besitzern zu übergeben. Er führte das

Er kleidete sie alle ein: Modezar Fred Adlmüller mit dem Ehepaar Curd und Margie Jürgens

Geschäft auf deren Ersuchen weiter und kaufte es ihnen im Laufe der folgenden Jahre ab. Seither stand »W. F. Adlmüller« auf dem Portal seines Modesalons, weil er auf die Namen Wilhelm Friedrich getauft worden war.

In den letzten Kriegstagen hatte er für den Willi-Forst-Film *Wiener Mädeln* 1750 Schauspieler und Statisten ausgestattet. »Mode war ein Teil der Nazipropaganda«, erzählte Adlmüller. »Wir erhielten die Materialien von der Reichskulturkammer in Berlin. Heute weiß ich, dass man mit der Pracht versucht hat, den Leuten, die auf Kleiderkarten angewiesen waren, eine heile Welt vorzuspielen.«

Ehe in Wien die Bomben fielen, hatte Adlmüller die wertvollen Stoffballen – wie Museen ihre Kunstwerke – nach Gastein in

Sicherheit gebracht, »sodass wir nach dem Krieg sofort wieder anfangen konnten«.

Wer aber hat damals Geld für Haute Couture gehabt?

»Die Frauen der sowjetischen Besatzungsoffiziere waren unsere ersten Kundinnen, sogar für Madame Molotow, die Frau des russischen Außenministers, haben wir gearbeitet. Da drüben, im Hotel *Bristol*, war die russische Kommandantur, die haben eine eigene Stromleitung hergeleitet, damit wir für ihre Frauen schneidern konnten.«

Dann ging's Schlag auf Schlag. »1955, bei der Wiedereröffnung der Staatsoper, waren 98 Kostüme von mir«, und danach gab es wohl, solange Adlmüller am Leben war, kein gesellschaftliches Ereignis ohne ihn. Egal, ob Festspiele, Theater oder Oper, bei den großen Premieren glänzten seine Modelle auf der Bühne ebenso wie im Zuschauerraum. Und plötzlich kamen auch königliche Hoheiten. »Da erhalte ich einmal einen Anruf, ob ich für Königin Sirikit von Thailand, die gerade mit ihrem Mann, König Bhumibol, auf Staatsbesuch in Wien war, eine Modeschau geben würde. Sie kaufte gleich sieben Roben, und von da an lieferten wir jede Saison nach Bangkok. Ich hatte in meinem Atelier eine eigene Puppe mit den Maßen der Königin.«

Eine Art Hoflieferant war Adlmüller auch für Königin Friederike von Griechenland, für Soraya, Madame Sukarno und sämtliche First Ladys der Zweiten Republik. Den Herzog von Windsor hatte er schon vor dem Krieg im Palais Esterházy begrüßt.

Nicht nur der Knef hat er auf ihrem Weg nach oben geholfen. »Eines Tages rief mich ein Veranstalter der Miss-Austria-Wahlen an. Ob ich nicht eine geeignete Kandidatin wüsste. Mir gegenüber saß gerade Nadja Tiller, die damals als Mannequin für mich arbeitete. Ich empfahl sie.« Der Rest ist bekannt. Die Tiller wurde Miss und später dann Film-, Fernseh- und Bühnenstar.

Und der Adlmüller mit unzähligen solchen Geschichten zur Institution.

Wiens Modezar starb ein halbes Jahr, nachdem er mir aus seinem Leben erzählt hat, am 26. September 1989 im Alter von achtzig Jahren.

DER LETZTE WILLE

»Würdig eines großen Mannes«
Maria Theresias privates Testament

Die menschliche Natur muss ein Ende haben. Ich habe mich immer sehr wohl befunden; es ist nur gerecht, dass ich nun auch etwas zu klagen habe«, schreibt die 52-jährige Maria Theresia an eine Freundin, erkennend, dass es mit ihr körperlich bergab geht. Das Unheil hatte zwei Jahre davor begonnen, als sich die Kaiserin am Krankenbett ihrer Schwiegertochter Josepha mit den Pocken angesteckt hatte. Maria Theresia übersteht die lebensbedrohliche Infektionskrankheit, aber sie ist danach nicht mehr die alte. Nur ihre geistigen Fähigkeiten sind ungetrübt.

Maria Theresia war erst 32 Jahre alt, als sie 1749 ihr *Politisches Testament* verfasste, in dem sie kritisch über ihre Vorgänger auf dem Habsburger-Thron, die Bürokratie, den Adel, die katholische Kirche und das Militär herzieht. Von ihrem privaten Testament gibt es fünf Fassungen, die erste datiert mit 3. April 1754, die letzte mit 15. Oktober 1780, wenige Wochen vor ihrem Tod.

Wie sehr sie das Ende ihres Lebens auf sich zukommen sieht, ja geradezu herbeisehnt, entnimmt man schon dem ersten Absatz der letzten und somit gültigen Fassung, in der Maria Theresia schreibt, dass sie »nichts sehnlicher wünsche als von allen weltlichen Sorgen

»So habe Ich Mich entschlossen, folgende letztwillige Disposition zu machen«: Maria Theresia schrieb fünf Fassungen ihres privaten Testaments.

befreyet, die letzten täge und Stunden Meines lebens allein Meinem
Seelenheil widmen zu können; so habe Ich Mich entschlossen, bey
gesunden gemüths- und leibes-Kräften folgende letztwillige Disposition zu machen«.

Sechs der sechzehn Kinder, die sie zur Welt gebracht hatte, und
auch ihr geliebter Mann Franz I. Stephan waren bei Abfassung der
letzten Testamentsversion bereits verstorben. Maria Theresia hatte
ihr privates Vermögen also in erster Linie unter den verbliebenen
zehn Kindern aufzuteilen.

• Unausgesprochen bleibt, weil dies im Hausgesetz der Familie
  Habsburg ohnehin festgehalten ist, dass ihr ältester Sohn und
  Mitregent Joseph (1741–1790) ihr Nachfolger wird und damit
  über ihre Schlösser, Güter und ihr sonstiges Vermögen verfügen
  kann. Dazu zählen die Hofburg in Wien, Schönbrunn, die Neu-
  städter Burg (heute Theresianische Militärakademie), die Besitzungen im Marchfeld Schloss Hof und Niederweiden, das Bel-
  vedere, Schloss Neugebäude in Wien-Simmering, die Prager Burg
  (Hradschin), Laxenburg und die Hofburg in Innsbruck.
  Maria Theresia hat alle ihre Söhne und Töchter innig geliebt,
  jeden und jede auf ihre Art. Und doch war ihr Gefühl für Joseph –
  bei allen Gegensätzen, die sie voneinander trennten – das tiefste
  und reinste. So gesehen war es eine Fügung des Schicksals, dass
  er der Erstgeborene, der Nachfolger und Universalerbe war. Aber
  natürlich mussten auch die anderen bedacht werden.

• An vorderster Stelle ihrer letztwilligen Verfügung wird Maria
  Theresias älteste Tochter, die das Erwachsenenalter erreichte,
  genannt: Maria Anna, gerufen Marianne (1738–1789), zählte zu
  ihren Sorgenkindern. Sie hatte sich, da ihr Körper durch eine
  Verwachsung und einen ausgeprägten Buckel entstellt war, als

Äbtissin auf das adelige Damenstift nach Prag zurückgezogen. Mittlerweile bei den Elisabethinerinnen in Klagenfurt zu Hause, vermacht ihr die Kaiserin einen jährlichen Unterhalt von 50 000 Gulden*. Mit dem reichen Erbe legt die wissenschaftsbegeisterte Maria Anna eine Mineraliensammlung auf höchstem Niveau an. Sie stirbt in jenem braunen Morgenmantel ihres Vaters, in dem auch ihre Mutter gestorben ist und findet bei den Elisabethinerinnen ihre letzte Ruhe.

- Der kürzeste Testamentspassus ist Maria Theresias Lieblingstochter Marie Christine (1742–1798) gewidmet, die nichts erbt, »weil ihre Versorgung durch das Gouvernement von Niederlanden gesichert ist«. Mimi, wie sie gerufen wurde, führte mit Herzog Albert von Sachsen-Teschen, Statthalter der Niederlande, Kunstsammler und Gründer der Wiener Albertina, eine glückliche Ehe. Erst viel später fand man Marie Christines Korrespondenz mit ihrer Schwägerin Isabella, aus der hervorgeht, dass sie mit der ersten Frau des Thronfolgers und späteren Kaisers Joseph II. über Jahre ein gleichgeschlechtliches Verhältnis hatte.
Maria Theresia hat wohl nie davon erfahren. Geerbt hat die Lieblingstochter trotzdem nichts.
- Erzherzogin Maria Elisabeth (1743–1808) wird eine jährliche Apanage von 50 000 Gulden zugesprochen. Sie galt als die schönste Tochter des Kaiserpaares und war dazu ausersehen, Frankreichs verwitweten König Ludwig XV. zu heiraten. Doch auch Maria Elisabeth erkrankte an den Blattern, wodurch ihr hübsches Gesicht durch Pockennarben entstellt war. Sie blieb

---

* Die Summe entspricht laut Statistik Austria im Jahr 2023 einem Betrag von rund 600 000 Euro.

unverheiratet wie ihre Schwester Maria Anna und ließ sich als Äbtissin im Damenstift Innsbruck nieder.

• Drei Töchter, notiert Maria Theresia, »haben ihre Etablissements in Parma, Napoli und Frankreich. Ich vermache ihnen also nur ein Angedenken«: Maria Amalia (1746–1804) bekommt »eine Kammer in Schönbrunn«, Maria Karolina (1752–1814) »meine silberne Stockuhr aus England« und Marie Antoinette (1755–1793) »die Stelen (Reliefs) in meinem grossen Cabinet in der Burg«. Die ohnehin versorgten Damen gehen also leer aus.

• »Mein Sohn Ferdinand« (1754–1806) »hat durch die Heirath mit der Prinzessin von Modena Hoffnung zu dem besitz der Modenesischen Staaten zu gelangen; bis er aber dahin gelanget, bestimme ich demselben jährlich 50 000 Gulden.«

• Sohn Maximilian (1756–1801) »verschaffe ich lebenslänglich die Nutznießung allein von dem meinem Gemahl wayland des Kaisers eigenthümlich gewesenen Gütern Göding, Hollitsch, Sassin und Schlosshof ...« Weiters vermacht die Kaiserin ihrem jüngsten Sohn, der es zum Erzbischof von Köln und Fürstbischof von Münster gebracht hat, auch Anteile an der vom *Chef de famille* kontrollierten Familienkassa. Wie überhaupt sämtliche Zahlungen an die Erzherzoginnen und Erzherzöge aus Kaiser Josephs – prall gefülltem – Portemonnaie zu entrichten sind. »Nach meines Sohnes Maximilians Todt aber sollen sowohl diese Capitalien als obgedachte Güter Meinem Sohn Leopold (1747–1792, Anm.) und seiner männlichen Nachkommenschaft zufallen.«

• Der spätere Kaiser Leopold II. wird – abgesehen von dieser Erwähnung – offensichtlich nicht weiter bedacht, weil er zu diesem Zeitpunkt als Großherzog von Toskana ohnehin reichlich versorgt ist.

- »Was meine Habschaft betrifft, offerire ich meinem Sohn, dem Kaiser (Joseph II., Anm.), mit der Bitte die zwey Lustschlösser Laxenburg und Schönbrunn in dem Stand, wie solche sich befinden, bey Unserem Haus zu lassen (sie also nicht zu verkaufen, Anm.) ...«

- In einem eigenen Testamentsabschnitt bittet Maria Theresia, nach ihrem Tod allen ihren Hofdamen Pensionen zwischen 400 und 3000 Gulden jährlich auszuzahlen. Kammerdienerinnen sowie »die übrigen Weibs-Personen wie Wäscherin, Köchin und Schneiderin behalten lebenslänglich ihren jetzigen gehalt, mögen sie angestellt, unangestellt, ledig oder verheurathet seyen«. Dies gelte, wie extra betont wird, auch für »Livree-Leuthe« und anderes männliches Dienstpersonal. Dem Obersthofmeister Josef Fürst zu Schwarzenberg und anderen hohen Hofbeamten sind »Tabatieren mit Diamanten besetzet zum Gedächtnis« zu überreichen. Insgesamt machen die Sonderzahlungen und Geschenke an Maria Theresias Personal rund 100 000 Gulden aus.

- »Endlich verordne Ich dem Beichtvater und den Medici, welche in Meiner letzten Krankheit Mir beistehen werden, jedem 500 Dukaten. Und ebenso viel jenem, welcher Mich (den Leichnam, Anm.) eröffnen wird.«

Drei Tage nachdem sie ihr letztes Testament unterfertigt hat, begibt sich die Kaiserin in die Kapuzinergruft, um dort für ihren fünfzehn Jahre davor verstorbenen geliebten Mann zu beten. Kurz bevor der Aufzug mit der schwergewichtigen Frau auf dem Boden aufsetzt, reißt das Seil. Maria Theresia stürzt, erhebt sich langsam und sagt zu dem erschrockenen Kapuziner: »Es ist mein Gemahl, der mich zurückhalten möchte!«

Am Abend des 29. November 1780 stehen alle ihre Kinder unter Tränen am Totenbett der 63-Jährigen. Die Kaiserin atmet schwer, versucht sich zu erheben, als ob sie fortgehen wolle. Joseph drängt sie sanft zurück und fragt: »Wohin wollen Eure Majestät?«

Maria Theresia antwortet: »Zu dir, ich komme, Gott, nimm meine Seele auf!« Das sollen ihre letzten Worte gewesen sein. Leibarzt Dr. Anton Störck schließt ihre Augen. Maria Theresia hat ihn darum gebeten: »Es wäre zu grausam für den Kaiser!«

Nun zollt ihr sogar ihr Erzfeind, Preußens König Friedrich II., Respekt: »Der Tod der Kaiserin hat mich geschmerzt; sie hat ihrem Thron und ihrem Geschlechte Ehre gemacht; ich habe sie bekriegt, bin aber nie ihr Feind gewesen ... Eine Frau, führte sie Pläne aus, würdig eines großen Mannes.«

Ihr allerletzter Wunsch wird nicht in Erfüllung gehen. Es sei ihr »ernstlicher Wille«, schreibt Maria Theresia in einem Testamentszusatz, dass niemand von der Familie bei ihrem Begräbnis erscheinen möge. »Wenn eine Mutter und Frau nach ihrem Todt noch was zu hoffen und zu sagen hat, so bitte ich Mir dieses letzte Zeichen des gehorsams von Meiner familij aus.«

Doch die Kaiserin hat nichts mehr »zu hoffen und zu sagen«: Kaiser Joseph hält es für ausgeschlossen, diesem Wunsch zu gehorchen, und folgt mit der gesamten kaiserlichen Familie dem Sarg der verstorbenen Herrscherin.

Einen Tag nach ihrem Tod, am 30. November 1780, wird Maria Theresias letzte Verfügung in Anwesenheit des neuen Machthabers eröffnet.

»Es ist mein Gemahl, der mich zurückhalten möchte«: Auszug aus Maria Theresias privatem Testament mit eigenhändiger Unterschrift, Letztfassung vom 15. Oktober 1780

»Wäsche, Billardtisch, ein Pianoforte«

Mozarts persönliches Erbe

Dass Mozart kein Testament hinterlassen hat, ist weiter nicht verwunderlich, denn mit 35 Jahren zu sterben, damit hat man auch am Ende des 18. Jahrhunderts nicht gerechnet. Selbst damals wurden viele Menschen sechzig, siebzig, sogar achtzig Jahre alt, allerdings war die Säuglingssterblichkeit so groß, dass durch sie das Durchschnittsalter der Bevölkerung dramatisch gesenkt wurde. Das Musikgenie ist also auch für seine Zeit sehr jung gestorben. Die »Kunst« der Ärzte hat viel dazu beigetragen.

Mozart fühlte sich bis zum 20. November 1791 vollkommen gesund, ehe er eine »Geschwulst an Händen und Füßen« bemerkte und an »Hautausschlägen, einer beinahe gänzlichen Unbeweglichkeit, Fieber und späterem Erbrechen« litt. Aus heutiger Sicht nimmt man an, dass er, wie schon mehrfach in seiner Kindheit, einen akuten Schub einer rheumatischen Gelenksentzündung hatte. Unter normalen Umständen hätte er die Erkrankung vermutlich auch diesmal überlebt, hätte die hochgelobte Wiener Medizinische Schule nicht eingegriffen. Und zwar mittels des damals üblichen Aderlasses, bei dem Patienten, je nach Krankheit und Konstitution, fünfzig bis tausend Milliliter Blut entnommen wurden, vermeintlich um schädliche Säfte aus dem Körper zu entfernen. Zur Genesung hat diese Therapie selten beigetragen, oft jedoch zu einer weiteren Verschlechterung des Zustands oder zum Tod des Patienten.

Mozarts Körper war der hohen Temperatur, verbunden mit dem Flüssigkeitsverlust durch den Aderlass, nicht gewachsen. Als sich der Zustand am Abend des 4. Dezember weiter verschlechterte, wurde Dr. Thomas Closset, einer seiner behandelnden Ärzte, nach einer langen Suchaktion in einem Theater gefunden. Er musste aber (vermutlich als Theaterarzt) bis zum Schluss der Vorstellung bleiben. Als er endlich bei Mozart einlangte, lag dieser bereits in einer tiefen Bewusstlosigkeit, aus der er nicht mehr erwachte.

Wolfgang Amadeus Mozart starb am 5. Dezember 1791 kurz vor ein Uhr Früh in seiner Wiener Wohnung in der Rauhensteingasse im Kleinen Kaiserhaus, Stadt Nr. 970, 2. Stock. Er hinterließ seine Frau Constanze geb. Weber und die beiden Söhne Carl und Franz Xaver, sieben Jahre beziehungsweise viereinhalb Monate alt. Vier weitere Kinder waren bereits im Säuglingsalter verstorben.

Um seinen Nachlass und die finanzielle Situation zum Zeitpunkt des Todes zu verstehen, muss man wissen, wie Mozart gelebt hat. Der Mozart-Forscher und -Biograf Gernot Gruber beschreibt ihn als ehrgeizigen, treu sorgenden Familienvater mit viel Humor, der im Jahr vor seinem Tod in eine Art Depression verfiel. »Österreich steckte damals in einer Krise, Konzerte waren schlecht besucht, Noten wurden kaum nachgedruckt, das alles machte ihm schwer zu schaffen.«

Im Allgemeinen lukrierte Mozart seine Einnahmen durch Konzertauftritte, nicht durch Kompositionen, zumal es damals noch kein Urheberrecht gab. Doch war er entgegen weitverbreiteter Gerüchte nie arm, verfügte er doch eigenen Angaben zufolge über ein Jahreseinkommen von durchschnittlich 10 000 Gulden*, für ein Engagement als Pianist bekam er »wenigstens 1000 Gulden«.

---

* Die Summe entspricht laut Statistik Austria im Jahr 2023 einem Betrag von rund 125 000 Euro.

131

Mozart verdiente sogar in Zeiten, in denen es ihm schlecht ging, mehr als ein Arzt oder Universitätsprofessor. Und doch war er meist hoch verschuldet, denn er lebte über seine Verhältnisse, hatte immer eine große Wohnung mit Personal, verfügte über ein Reitpferd, saß oft am Spieltisch und gab viel Geld für Kleider und Frisuren aus.

Der kleine Wolfgang war als Wunderkind eine europäische Berühmtheit gewesen, konnte diese Prominenz aber später nicht halten. Mozart war als Erwachsener nicht so populär wie ein Falco oder Udo Jürgens im 20. Jahrhundert, nur eine kleine, elitäre Schicht, die es sich leisten konnte, ins Konzert oder in die Oper zu gehen, wusste, wer er war, und verehrte ihn. Wenn Mozart auf der Straße erkannt wurde, dann eher als Pianist, nicht jedoch als Komponist.

Hätte er nur ein bisschen länger gelebt, wäre alles anders gekommen. Denn unmittelbar nach seinem Tod erlangte der Name Mozart durch den Sensationserfolg der *Zauberflöte* weltweite Berühmtheit. Jetzt wurden Gedenkmünzen geprägt, Biografien geschrieben, seine Werke auf Straßen und Plätzen gespielt. Mozart war nun auch der breiten Bevölkerung bekannt.

Für ihn leider zu spät.

Schon am Vormittag nach Mozarts Tod kam ein Magistratskommissär zur Todfallsaufnahme in die Sterbewohnung. Seine Aufgabe war es, »den ausgesprochenen oder vermuteten letzten Willen des Erblassers« zu erforschen. Der Beamte war von Amts wegen dafür verantwortlich, dass jedem Beteiligten der ihm zustehende Anteil am Nachlass zugesprochen wurde. Der Kommissär hielt also nach einer eventuellen letztwilligen Verfügung Ausschau und verzeichnete, da er keine fand, als Erben in Betracht kommende

In seiner Hinterlassenschaft befanden sich 592 Gulden und 9 Kreuzer: Wolfgang Amadeus Mozart

Personen, weiters mögliche Gläubiger und – ganz wichtig – den Fiskus im Hinblick auf die zu entrichtende Erbschaftssteuer.

Da minderjährige Kinder vom Erbe betroffen waren, musste »gerichtlich zu inventiren seyn«. Und so erfolgte bereits am 9. Dezember die »Inventarisierung und Schätzung« der Finanzen und der hinterlassenen Wertgegenstände durch einen Gerichtsbeamten und zwei Schätzmeister. Deren auf fünf Seiten zusammengefasster Berechnung zufolge beliefen sich die Aktiva des »k. k. Hofkompositeurs und Capellmeisters Wolfgang Amadeus Mozart« auf 592 Gulden und 9 Kreuzer*.

---

* Die Summe entspricht laut Statistik Austria im Jahr 2023 einem Betrag von rund 7200 Euro.

Diese Summe ergibt sich aus (gerundet) »60 Gulden Bargeld, 55 Gulden an Kleidungsstücken und Wäsche, 17 Gulden an Leinen und Bettgewand, 296 Gulden an Hausgeräten und 23 Gulden an Büchern und Musicalien«. Dazu kommt noch eine offene Gehaltsforderung in Höhe von 133 Gulden an die Hofkammer für die letzten beiden Monate Mozarts als Hofmusikus.

Dem Aktivstand von 592 Gulden stehen Passiva in Höhe von 918 Gulden und 16 Kronen gegenüber, darunter Arzthonorare, Bestattungskosten, offener Mietzins und Lohnforderungen des Dienstmädchens. Nicht genug damit treten mehrere Gläubiger auf, die Mozart Kredite gewährt haben, darunter Kaufleute, professionelle Geldverleiher und sogar Wucherer. Vor allem aber die beiden Hauptgläubiger Karl Fürst Lichnowsky und der Seidengroßhändler Johann Michael Puchberg, bei denen Mozart mit je rund 1500 Gulden in der Kreide stand. Beide waren enge Freunde und Logenbrüder Mozarts bei den Freimaurern, doch nur Puchberg verzichtete auf sein Geld*. Lichnowsky hatte das Musikgenie noch zu dessen Lebzeiten beim Zivilgericht Wien auf Rückzahlung seiner Schulden geklagt, woraufhin dieser zur Beschlagnahme seines Gehalts als Hofmusikus verurteilt wurde. Durch Mozarts Tod kam es nicht mehr zur Pfändung, weil sich Lichnowsky mit Constanze außergerichtlich geeinigt zu haben schien. Warum der sonst großzügige Fürst nicht auf die für seine Verhältnisse geringfügige Summe verzichtet hat, bleibt ein Rätsel.

Aus der Inventarliste der Hausgeräte lässt sich ersehen, wie Mozarts in ihrer Fünfzimmerwohnung gelebt haben: »1 Spiegel mit

---

* Constanze Mozart überwies den offenen Betrag einige Jahre danach von sich aus an Puchberg.

vergoldetem Rahmen (12 Gulden), zwei Diwan mit Überzuch und 6 Sessel (50 Gulden), 1 grünn tüches Billard mit 5 Baln (= Billardkugeln) und 12 Queues, 1 Pianoforte mit Pedal (80 Gulden) ...«

Das Billard belegt Mozarts Leben im Wohlstand, gehörte ein solcher Spieltisch doch zu den luxuriösen Statussymbolen in dieser Zeit. Von dem auf 80 Gulden geschätzten Klavier wissen wir, dass es 1810 an seinen Sohn Carl nach Mailand geschickt wurde. Es wäre heute (als »Mozarts Originalflügel«) ein Vermögen wert.

An mehr oder weniger wertlosem Küchengerät finden sich in der Mozart-Wohnung »2 Kaffeemühln, 2 Glasleuchter, 1 blecherne Thekanl, einige ordinäre Gläser ...« Interessant ist der Abschnitt »Bücher und Musicalien«, dem zu entnehmen ist, dass Mozarts Bibliothek 110 Bücher umfasste, darunter *Sonnenfels gesammelte Schriften* und die vierbändigen *Skizzen aus dem Charakter und den Handlungen Josephs II.*

Nun steht Mozarts gerade dreißigjährige Witwe alleine mit ihren beiden Kindern und den Schulden ihres Mannes da. In ihrer Not richtet sie sechs Tage nach seinem Ableben ein Gesuch an Kaiser Leopold II. mit der Bitte um Gewährung einer Gnadenpension für sich und ihre Söhne. Obwohl der Kaiser während des bürokratischen Vorgangs (am 1. März 1792) stirbt, wird der Antrag für österreichische Verhältnisse zügig erledigt. Nur zwölf Tage nach Leopolds Tod sagt dessen Sohn und Nachfolger, Kaiser Franz II., der Witwe Mozart eine monatliche Pension in Höhe von 266 Gulden und 40 Kronen zu. Eine Waisenrente wird jedoch abgelehnt, da eine solche erst bei einer Mindestzahl von vier unversorgten Kindern gewährt werden kann.

Zu Constanzes Glück sind Mozart-Autografen, insbesondere Partituren, bei der Katalogisierung nicht berücksichtigt worden, da sie damals als »wertlos« galten. Gerade sie wären heute zweifellos die kostbarsten Stücke aus dem Nachlass. Die Witwe erkennt jedoch den Wert, ordnet in den folgenden Jahren unter fachkundiger Anleitung den umfangreichen musikalischen Nachlass ihres Mannes und macht ihn zu Geld. Als Erster meldet sich wenige Wochen nach Mozarts Tod der preußische König Friedrich Wilhelm II., um acht Werke des Meisters um je hundert Dukaten zu erwerben, auch soll eine Abschrift des *Requiems* um 450 Gulden den Besitzer gewechselt haben. Den größten Teil kauft 1799 der Offenbacher Musikalienverleger Johann Anton André um »3150 Gulden Wiener Courant Währung«.

Da Mozart kein Testament hinterlassen hat, tritt die gesetzliche Erbfolge ein, die laut der Mozart-Forschung des Rechtshistorikers Werner Ogris in der damaligen Zeit ausschließlich die Kinder begünstigte, für die jeweils ein Kurator und ein Vormund bestellt wurden. Constanze ist zwar an den Einnahmen der mittlerweile weltberühmten Musik ihres Mannes beteiligt, doch das ist – siehe fehlendes Urheberrecht – nicht sehr viel. Sie erweist sich aber als tüchtige Vermarkterin, veranstaltet Benefizkonzerte und eine Konzertreise mit den Werken ihres Mannes. Am 23. Mai 1795 bewirbt sie in der *Wiener Zeitung* einen Musikabend, für den die Eintrittskarten »bei der unterzeichneten Wittwe selbst in der Krugerstraße beym Säbel Nr. 1047 im 2ten Stock« erworben werden können.

Die gewiefte Geschäftsfrau weiß sich in den folgenden Jahren als »arme Witwe Mozart« zu präsentieren und das in einer Zeit, als sie längst nicht mehr bedürftig ist. Werner Ogris hat herausgefunden, dass sie im Jahr 1797 dem befreundeten Prager Ehepaar Duschek ein Darlehen in Höhe von 3500 Gulden zu sechs Prozent

Zinsen gewährt: »Ein deutliches Zeichen dafür, dass sie die Durststrecke der ersten Witwenjahre erfolgreich hinter sich gebracht hatte.«

Im Jahr 1809 heiratet Constanze in Pressburg den dänischen Legationssekretär Georg Nikolaus von Nissen, mit dem sie sich, nach mehreren beruflichen Stationen an der Seite des Diplomaten, 1824 in Salzburg ansiedelt. Dort schreibt das Ehepaar gemeinsam an einer Mozart-Biografie, die 1828 herauskommt. Nissen ist bereits zwei Jahre davor verstorben, Constanze stirbt am 6. März 1842 im Alter von achtzig Jahren als wohlhabende Frau in Salzburg. Sie hat ihren ersten Mann um ein halbes Jahrhundert überlebt.

Wolfgang Amadeus Mozarts sterbliche Überreste waren am 6. oder 7. Dezember 1791 mit einem Pferdewagen zum Friedhof St. Marx geführt worden, wo sie in einem »Leichenbegängnis dritter Klasse« beigesetzt wurden. Der Komponist wurde zwar nach dem damals geltenden josephinischen Bestattungs- und Friedhofsrecht in einem Schachtgrab mit mehreren Toten zur letzten Ruhe gebettet, jedoch nicht durch ein Armenbegräbnis, wie es oft fälschlich überliefert wird. Begräbnisse erster und zweiter Klasse blieben Aristokraten und reichen Großbürgern vorbehalten, ein Begräbnis dritter Klasse kostete 8 Gulden 56 Kreuzer, ein Armenbegräbnis war gratis.

Wo genau der Leichnam Mozarts liegt, ist heute nicht mehr festzustellen. Im Jahr 1891 wurde für ihn im Ehrenhain des Wiener Zentralfriedhofs ein Grabdenkmal errichtet.

Mozarts älterer Sohn Carl nahm ein Musikstudium auf, machte dann aber als Beamter und Buchhalter Karriere, als der er ein bescheidenes Leben führte. Er starb 1858 im Alter von 74 Jahren in Mailand.

Der zweite Sohn Franz Xaver konnte von seinen Einnahmen als Komponist, Klaviervirtuose und Musiklehrer leben und nannte sich zeitlebens Wolfgang Amadeus Mozart Sohn. Er starb 1844 mit 53 Jahren während einer Kur in Karlsbad. Beide Mozart-Söhne blieben unvermählt und kinderlos, weshalb es keine direkten Mozart-Nachkommen gibt.

Der Max-Reinhardt-Krimi
Wer was bekam

Der bedeutendste Theatermann des 20. Jahrhunderts hat ein Dutzend Bühnen nicht nur geleitet, sondern auch besessen, was dazu führte, dass der Max-Reinhardt-Nachlass auf fünfzig Millionen Euro geschätzt wird.

Die Hinterlassenschaft des 1943 verstorbenen Regiemeisters besteht aus mehreren Teilen:

- Da ist sein Berliner Theaterimperium, zu dem die wichtigsten Bühnen der Stadt zählten, die alle in seinem Eigentum standen, darunter das Deutsche Theater, die Kammerspiele, das Theater am Schiffbauerdamm, das Große Schauspielhaus, die Komödie und das Theater am Kurfürstendamm.
- Da ist sein prunkvolles Rokokoschloss Leopoldskron in Salzburg.
- Und da ist sein persönlicher Nachlass: Reinhardt hinterließ Tausende handgeschriebene Regieanweisungen, Briefe und Skizzen der Bühnenbilder seiner Inszenierungen.

Relativ einfach war es, sein »österreichisches Erbe« zu klären: Schloss Leopoldskron, das die Nationalsozialisten »arisiert« hatten, wurde nach dem Krieg an seine Witwe, die Schauspielerin Helene Thimig, restituiert, von dieser verkauft und wird seit 2014 von einer US-amerikanischen Privatstiftung als Hotel geführt. Das Wiener Theater in der Josefstadt, das er mehrere Jahre geleitet hat, war nie Reinhardts persönliches Eigentum.

Sein wirkliches Vermögen befand sich einerseits in Berlin, wo er bis zu elf Theater besessen hatte, andererseits in den Vereinigten Staaten, wo sein künstlerischer Nachlass lagerte.

Reinhardt war so bedeutend, dass ihm Propagandaminister Goebbels 1933 das Angebot machte, seine Berliner Bühnen als »Ehrenarier« weiterzuführen. Er lehnte ab und ging zunächst nach Österreich, wo er weiterhin die Salzburger Festspiele, das Theater in der Josefstadt und das Reinhardt Seminar als Schauspielschule leitete.

Der »Magier des Theaters« verließ Österreich ein Jahr vor Hitlers Einmarsch und ging mit seiner zweiten Frau Helene Thimig in die USA. Freilich war er dort von seinem einstigen Reichtum weit entfernt, seine deutschen und österreichischen Bühnen, Schlösser und Villen waren enteignet, er lebte in Amerika oft ohne zu wissen, wie er die Miete zahlen soll, bis er 1943 siebzigjährig in New York an den Folgen eines Hundebisses starb.

Nach dem Krieg verkauften seine Erben in den USA seinen aus Tausenden Seiten bestehenden handschriftlichen Nachlass, der mittlerweile einen Millionenwert darstellte. Allerdings kamen auf Helene Thimig und Reinhardts Söhne aus erster Ehe große Probleme zu, da sie untereinander heillos zerstritten waren. Einen großen Teil des Nachlasses kaufte der amerikanische Theaterexperte Alfred Brooks, wertvolle Regiebücher gelangten 1952 zur Versteigerung bei *Sotheby's*, von denen keine Geringere als Marilyn Monroe fast zweihundert Stück (!) erwarb.

Helene Thimig lebte nach dem Krieg wieder in Wien, bekam aber nur einen Bruchteil des gewaltigen Vermögens ihres Mannes zurück, da der überwiegende Teil gesperrt war: Nach der »Arisierung« seiner Berliner Bühnen im Jahr 1933 gelangten sie 1945 – im Osten der geteilten Stadt gelegen – in den Besitz der Deutschen Demokratischen Republik. Erst nach dem Fall der Mauer ging es darum, wer das Millionenerbe antreten sollte.

Helene Thimig war zu diesem Zeitpunkt bereits tot, Erben waren jetzt ihre beiden Schwägerinnen, die berühmte Wiener Schauspielerin Vilma Degischer (Witwe nach Hermann Thimig) und Helena Thimig (Witwe nach Hans Thimig).

Schon am Tag nach dem Fall der Mauer reisten Immobilienhaie nach Wien, um den beiden alten Damen die Grundstücke in bester Berliner Lage für einen Bruchteil ihres wahren Wertes abzuluchsen. Vilma Degischer starb fünf Wochen nach dem Verkauf ihrer Anteile, am 3. Mai 1992. Und auch Max Reinhardts Sohn Gottfried verkaufte seine Anteile kurz vor seinem Tod im Jahr 1994.

Die Reinhardt-Bühnen beziehungsweise -Grundstücke wurden von den Immobilienfirmen mit Riesenprofit an die Bundesrepublik Deutschland, an die Stadt Berlin und an Großkonzerne verkauft. Im November 2000 einigten sich die elf damals lebenden Erben Max Reinhardts mit dem Berliner Senat, demzufolge sie auf das Areal des Deutschen Theaters verzichteten und im Gegenzug ein anderes Grundstück in Berlin Mitte erhielten.

Von Reinhardts persönlichem Nachlass befindet sich der größte Teil im Besitz der New Yorker Universität in Binghamton. Der andere Teil gehörte der Witwe des Sammlers Alfred Brooks. 1981 hielt sich der Wiener Theaterwissenschaftler Jürgen Stein in den USA auf und lernte die Witwe Joan Brooks durch Zufall kennen. Sie führte ihn in ihre Wohnung und zeigte ihm ein ganzes Zimmer, angefüllt mit Tausenden Handschriften, Dokumenten und Skizzen der Bühnenbilder zu Reinhardts Inszenierungen.

Jürgen Stein erkannte, dass er vor einem einzigartigen Schatz stand, und bat Mrs. Brooks, nur ja nichts von alldem zu verkaufen,

Er hinterließ ein gigantisches Vermögen, das in alle Windrichtungen zerstreut ist: Max Reinhardt, der bedeutendste Theatermann seiner Zeit, hier bei einer Probe zu den Salzburger Festspielen 1936

da die Sammlung geschlossen bleiben müsse. Doch als Stein Wochen später wiederkam, fehlten bereits Teile des Nachlasses: Frau Brooks hatte, da sie in Geldnöten war, wichtige Dokumente verkauft. Daraufhin beschloss Jürgen Stein, den verbliebenen Nachlass auf eigenes Risiko zu kaufen. Er nahm einen Kredit auf und zahlte 250 000 Dollar. Reinhardts Originale wanderten als Sicherstellung in einen Banksafe.

Erst nach siebzehn Jahren gelang es Jürgen Stein, die Reinhardt-Originale an die Wienbibliothek zu verkaufen, die auch den Nachlass der langjährigen Reinhardt-Sekretärin Gusti Adler, prall gefüllt mit weiteren Originalen aus der Hand des Theaterimperators, erwarb. Wertvolle Unterlagen befinden sich auch im Archiv der Salzburger Festspiele und im Theatermuseum Wien.

»Wer meinen Letzten Willen anficht, gilt als enterbt«

Franz Lehárs millionenschwerer Nachlass

Keinen Streit um den Nachlass eines Verstorbenen gibt es im Allgemeinen nur dann, wenn es nichts zu erben gibt. Kaum ist ein bisschen was – oder gar sehr viel – vorhanden, gehen die Konflikte zwischen den Erben und denen, die sich dafür halten, erst richtig los. So geschehen auch im Fall Franz Lehárs, nach dessen Tod ein Millionenvermögen zur Disposition stand, um das ein erbitterter Streit entbrannte. Jedoch war Vorsicht geboten, da der Operettenmeister in seinem Testament unmissverständlich niedergeschrieben hatte: »Wer meinen Letzten Willen anficht, gilt als enterbt.« Der geringste Einwand konnte also zur völligen Löschung jeglicher Ansprüche führen.

Franz Lehár hatte keine Kinder und seine Frau Sophie war am 1. September 1947 gestorben. Dem Komponisten blieb dann noch etwas mehr als ein Jahr, ehe auch er am 24. Oktober 1948 im Alter von 78 Jahren in Bad Ischl das Zeitliche segnete. Als nahe Verwandte waren nur noch seine Schwester und sein Bruder am Leben. Das gültige Testament, das er erst am Tag vor seinem Tod verfasst hatte, enthielt einige Überraschungen:

- Seine elegante Villa und ein benachbartes Haus in Ischl vermachte er als Legat der Stadtgemeinde Bad Ischl, unter der Bedingung, dass das Gebäude als Lehár-Museum betrieben würde.

- Den Löwenanteil, die gigantischen Tantiemenzahlungen des nach Johann Strauss erfolgreichsten Operettenkomponisten aller Zeiten, hinterließ Lehár seiner in Zürich lebenden Schwester Emmy Papházay. Deren Kinder und Enkel kamen bis zum Jahr 2018, dem Auslaufen der gesetzlich geregelten Schutzfrist, in den Genuss regelmäßiger Abgeltungen in vielfacher Millionenhöhe. Allein *Die Lustige Witwe* wurde – in hundert Sprachen übersetzt – seit ihrer Uraufführung 1905 weltweit mehr als hunderttausend Mal gespielt, gefolgt von *Das Land des Lächelns* und *Der Graf von Luxemburg*. Allein aus Deutschland sollen 1948, im Todesjahr des Komponisten, rund eine Million D-Mark, damals ein unbeschreiblich hoher Betrag, für die Aufführung von Lehár-Operetten bezahlt worden sein. Auch der von Franz Lehár gegründete und in seinem Eigentum befindliche Glockenverlag, der sein Werk verwaltete (und ebenfalls an den Tantiemen beteiligt war), sollte an die Schwester gehen.

◆ Franz Lehárs kleines, in Wien-Nußdorf gelegenes Barockschloss wurde seinem Bruder Anton Lehár zugesprochen. Dieser, ein pensionierter General, erbte auch ein Auto, die Garderobe des Verstorbenen und eine Monatsrente in Höhe von 7000 Schilling, wohl um für die erheblichen Betriebskosten des Schlössls aufkommen zu können. Der Wert dieses Gebäudes stand freilich in keinem Verhältnis zu dem riesigen Vermögen, das seine Schwester bekam.

Franz Lehár hatte das verwunschene Schlössl in den Nußdorfer Weinbergen 1932 gekauft und hier bis 1944 mit seiner Frau gelebt, ehe er seinen Lebensabend in Zürich und Bad Ischl verbrachte.

Allerdings war das Testament in dem Passus, der das Schlössl betrifft, ungenau formuliert. Und das hatte weitreichende Folgen: Lehár hatte seinem Bruder zwar das denkmalgeschützte, achthundert Quadratmeter große Gebäude und den zweitausendfünfhundert Quadratmeter großen Garten vermacht, das Inventar jedoch zu erwähnen vergessen. Was dazu führte, dass seine Schwester als Haupterbin in der Nußdorfer Hackhofergasse 18 mehrere Möbelwagen vorfahren ließ, die Teile des Mobiliars sowie bedeutende Kunstwerke ins Dorotheum und zu einem Antiquitätenhändler brachten. Die Einrichtung des in seinen Ursprüngen aus dem 16. Jahrhundert stammenden Schlössls war doppelt wertvoll, weil hier nicht nur Lehár, sondern acht Jahre lang auch Mozarts Freund Emanuel Schikaneder, der Librettist der *Zauberflöte*, gewohnt hatte und etliche Gegenstände noch aus dessen Zeit stammten. »Es ist schade, dass Lehárs Erbe nun in alle Winde zerstreut wird«, stand im *Wiener Kurier* vom 25. Mai 1950. Da nur das Haus, nicht aber das Inventar unter

Denkmalschutz stand, befürchtete man, dass Teile der einzigartigen Sammlung ins Ausland gehen würden.

Tatsächlich kamen wenige Tage danach, am 6. Juni, im Dorotheum etliche Einrichtungsgegenstände unter den Hammer,
darunter ein »Maria-Theresia-Barock-Garderobeschrank« um
9000 Schilling, ein italienischer Nadelholzschrank, ein Kasten im
Louis-XVI.-Stil, ein barocker Lehnfauteuil, eine Biedermeier-
vitrine, wertvoller Schmuck und vieles andere. Unter den Kauf-
interessenten befand sich die Operettendiva Marika Rökk, die
bereit war, für das Empire-Schlafzimmer des Komponisten
30 000 Schilling hinzulegen. Die Verkaufspreise konnten durch
Schilder mit der Aufschrift »Aus dem Besitz von Franz Lehár«
erheblich gesteigert werden, sodass der Gesamtwert auf
170 000 Schilling geschätzt wurde, eine in der damaligen Zeit
wahrhaft stolze Summe.

Einen Teil der Einrichtung des zwischen Nußdorf und Kahlen-
bergerdorf gelegenen Kleinods hatte Franz Lehár noch zu seinen
Lebzeiten nach Ischl bringen lassen, sodass dieser samt Villa in
das Eigentum der Kurstadt überging. Ein weiterer Teil ist im
Wiener Schlössl geblieben und befindet sich heute noch dort, wie
etwa die Sänfte (das war das damalige Taxi), mit der sich Schikaneder von Sesselträgern ins Theater bringen ließ, sowie Origi-
nalstühle, die bei der Uraufführung der *Zauberflöte* in Verwendung
standen. Und als besondere Rarität: das Klavier, an dem Lehár
Die lustige Witwe komponiert hat.

Da Lehárs Geschwister durch den Wortlaut des Testaments zur
außergerichtlichen Einigung gezwungen waren, musste auch in
den Besitzverhältnissen des Glockenverlages ein Kompromiss
erzielt werden. Der vom Wiener Staranwalt Michael Stern vertre-

tene General Anton Lehár gab sich mit 25 Prozent der in Österreich eingehenden Tantiemen zufrieden, wofür sich seine Schwester verpflichtete, die Hälfte seiner Erbschaftssteuer – rund 50 000 Schilling – zu übernehmen.

Wie die Einnahmen aus dem Inventar unter den Geschwistern letztlich aufgeteilt wurden, ist nicht bekannt, es ist aber davon auszugehen, dass sie sich gütlich geeinigt haben, da andernfalls Lehárs Anordnung fällig geworden wäre: »Wer meinen Letzten Willen anficht, gilt als enterbt.«

Enterbt konnte jedoch nur werden, wer als Erbe eingesetzt war. Und so meldeten, wie bei einer so großen Hinterlassenschaft zu erwarten, auch Personen, deren Name nicht im Testament stand, ihre Ansprüche an. Der Tageszeitung *Neues Österreich* vom 19. Oktober 1950 ist zu entnehmen, dass »selten ein Testament so viele Prozesse ins Rollen gebracht hat« wie das des Operettenkomponisten, der in seiner Blütezeit einer der reichsten Männer Österreichs war. So forderte Herr Cornelius Eitelberg aus dem Nachlass 250 000 Schilling, während sich die Witwe eines Rechtsanwalts mit 25 000 Schilling zufrieden geben wollte. Josefine Polin, die langjährige Leiterin des in Lehárs Eigentum stehenden Glockenverlages, klagte beim Arbeitsgericht Wien 496 308 Schilling ein, weil sie, »womit Lehár keinesfalls einverstanden gewesen wäre«, von seinen Nachlassverwaltern per 31. Dezember 1949 gekündigt worden war.

Tatsächlich hatte Lehár seine Vertraute in seinem Letzten Willen mit den Worten bedacht: »Ich ordne an, dass mein Glockenverlag Wien, den ich gegründet habe, in der bisherigen Art in der Führung der Frau Polin aufgrund der bestehenden Verträge betrieben werde und dass die mir treu ergebenen Angestellten nur mit

Einverständnis der Frau Polin gekündigt werden dürfen sowie dass alle Personalangelegenheiten des Glockenverlages Wien nur im Einvernehmen mit Frau Polin entschieden werden.«

Diesem Punkt im Testament zufolge, erklärte der Anwalt der Klägerin vor Gericht, hätte Lehár das Dienstverhältnis seiner Mandantin auf Lebenszeit garantiert, weshalb die Kündigung widerrechtlich erfolgt sei. Da sie noch mindestens zwanzig Jahre hätte tätig sein können, müsse ihr der Verlag zwanzig Jahresbezüge, demnach 496 308 Schilling bezahlen. Wie die Prozesse an den »Nebenschauplätzen« ausgingen, ist heute nicht mehr zu eruieren, da die Gerichtsakten nicht mehr existieren.

♦ Franz Lehár hatte auch eine soziale Ader. Seine Bediensteten erhielten namhafte Geldbeträge sowie das Wohnrecht in seinen Häusern. Weiters ist eine Stiftung unverschuldet in Not geratenen Künstlern gewidmet, wobei der Meister ausdrücklich erwähnt, dass nur alte Menschen bedacht werden sollen, »keinesfalls jedoch junge Talente«.

Warum Lehárs Schwester den ungleich größeren Anteil am Millionenvermögen erhielt und sich der Bruder mit einem relativ bescheidenen Erbe zufrieden geben musste, verschaffte den damaligen Zeitungen Anlass zu Spekulationen. Im *Montag Morgen* vom 7. November 1949 ist zu lesen, dass sich Emmy Papházay in den letzten Lebensmonaten um ihren berühmten Bruder gekümmert habe, man den General aber von seinem Krankenbett in Bad Ischl fernzuhalten versuchte: »Ärzte, Berater, Rechtsanwälte und die eifersüchtig allen Verkehr des Kranken überwachende Schwester gingen bei dem sterbenden Franz aus und ein, nur dem Bruder wurde es versagt, das Krankenzimmer zu betreten.« Kurz nachdem

Sein Bruder kam zu spät ans Sterbebett: Operettenmeister Franz Lehár

dieser dann doch eingelassen wurde, starb Franz Lehár in Antons Armen. Doch zu diesem Zeitpunkt war der Letzte Wille zu dessen Ungunsten bereits unterschrieben.

Vor Gericht konnte Anton Lehár infolge der Testamentsklausel nicht ziehen, doch rächte er sich an seiner Schwester in seinen Memoiren mit den Worten: »Als Franz am 24. Oktober starb, war ich als Chef der Familie im Verhältnis zum immensen Vermögen meines Bruders fast völlig enterbt ... Meine Schwester hatte sich den Großteil erschlichen und gesichert.«

General i. R. Anton Lehár ließ das in der Kriegs- und Nachkriegszeit arg in Mitleidenschaft gezogene Nußdorfer Schlössl mit großem Aufwand renovieren und lebte noch vierzehn Jahre darin, ehe er am 12. November 1962 im Alter von 86 Jahren starb. Da auch er keine Kinder hatte, hinterließ er den Besitz seinem Wirtschafterehe-

paar Erich und Hermine Kreuzer, das in seinen letzten Jahren auf-
opfernd für ihn gesorgt hatte. Das Ehepaar errichtete mit dem noch
vorhandenen Mobiliar eine Schikaneder-Lehár-Gedenkstätte und
schenkte das historische Bauwerk im Jahr 2003 einer Wiener
Rechtsanwältin und deren Bruder, unter der Bedingung, es weiterhin öffentlich zugänglich zu machen. Doch die Beschenkten verkauften das Anwesen im Jahr 2020 entgegen dieser Vereinbarung,
sodass es heute im Besitz eines Immobilieninvestors steht.

Ob das Lehár-Schlössl auch in Zukunft als Privatmuseum geführt
wird, steht in den Sternen und im Mittelpunkt eines langwierigen
Gerichtsstreits. Eines Streits, wie Franz Lehár ihn mit seinem Testament eigentlich vermeiden wollte …

»Unwürdig und undankbar«
Der Streit um Hans Mosers Erbe

Es war das Begräbnis eines Volksschauspielers, nein, *des*
Volksschauspielers schlechthin: Am 24. Juni 1964, fünf
Tage nachdem er seiner Krebserkrankung erlegen war, wurde der
schlichte Holzsarg mit den sterblichen Überresten Hans Mosers
in die Erde des Wiener Zentralfriedhofs gelassen. Mehr als fünf-
tausend Menschen waren an diesem unfreundlichen Früh-
sommertag gekommen, um einem der beliebtesten Österreicher einen würdigen Abschied zu bereiten. Das letzte Geleit
gaben ihm seine engsten Freunde und Partner von Film und
Bühne: Paul Hörbiger, Paula Wessely, Hans Holt, Fritz Eckhardt,

Susi Nicoletti und Burgtheaterdirektor Ernst Haeusserman. Und natürlich Mosers Witwe Blanca.

Nur eine fehlte bei der Trauerfeier am Ehrengrab des Publikumslieblings: Hans Mosers Tochter Grete konnte an dem Begräbnis nicht teilnehmen. Sie lebte, seit sie 1938 als »Halbjüdin« aus Österreich geflüchtet war, in Buenos Aires und hatte dort vom Ableben ihres geliebten Vaters nichts erfahren. Die Mutter hatte sie einfach nicht verständigt.

Die erbitterte Feindschaft zwischen Mutter und Tochter begann sich schon vor Hans Mosers Tod abzuzeichnen. Doch der geniale Nuschler hielt sich aus dem Streit heraus, weil er beide gleichermaßen liebte.

In dem populären Wienerlied *Der Weana braucht kan Pass, wenn er in Himmel will** besang der Volksschauspieler seinen Letzten Willen insofern, als er im Falle des Falles »kein Testament« erstellen würde:

Wenn's einmal mit mir zu Ende geht,
Mach ich kein Testament.
Denn was net vorher flöten geht,
Verschwend ich vor mein' End.
I denk ma halt:
Was hat's, des hat's,
Was is denn schon passiert?
Auf jeden Fall hab ich mein' Platz
Im Himmel reserviert …

---

*   Text: Hans Hauenstein, Musik: Karl Föderl

So besingt's das Wienerlied, doch als Hans Moser am 19. Juni 1964 starb, war sehr wohl ein Testament vorhanden, erstellt von ihm am 18. August 1959: »Zu meiner Alleinerbin bestelle ich meine Frau Blanca«, stand darin, und weiter dann: »Meine Tochter Grete bitte ich, sich vorläufig mit dem Pflichtteil zu begnügen. Sie wird sicher verstehen, dass mir vor allem daran gelegen ist, meine Frau sicherzustellen. Hans Moser recte Julier e. h.«

Nach Mosers Tod wurden seiner Tochter Margarethe Hasdeu 8000 Dollar in zwei Raten nach Argentinien überwiesen. Das ist ein sehr geringer Betrag, wenn man weiß, was der sparsame Film- und Theaterstar hinterlassen hat: Alles in allem schätzten die Gerichte das Vermögen auf 28 Millionen Schilling*, andere Schätzungen lauteten auf 40 Millionen. Angelegt war das Geld in Grundstücken (Schiefling am Wörthersee), Mietshäusern (Wien I., Tiefer Graben 26–28, Wien IX., Hahngasse 22), weiters gab es noch die vom Ehepaar Moser bewohnte Gründerzeitvilla in Hietzing (Wien XIII., Auhofstraße 76–78), die in der Folge an verschiedene diplomatische Vertretungen vermietet wurde, aktuell im Jahr 2023 an die Botschaft von Aserbaidschan. Auch Sparbücher und Wertpapiere, die auf Depots in der Bundesrepublik Deutschland und in der Schweiz lagerten, waren vorhanden.

In den zehn Jahren, die Blanca Moser ihren Mann überlebte, wurde der Mutter-Tochter-Konflikt immer größer. Die Wurzeln der Auseinandersetzungen lagen schon in der Emigrationszeit, und der Zwist wurde bei einem Südamerikabesuch Hans und Blanca Mosers im Jahr 1948 fortgesetzt. Meist ging es um finanzielle Fra-

---

* Die Summe entspricht laut Statistik Austria im Jahr 2023 einem Betrag von rund vier Millionen Euro.

gen, aber auch persönliche Eifersucht der Mutter auf die ihr im Aussehen ähnelnde Tochter spielte eine Rolle.

Zum endgültigen Bruch kam es Mitte der 1950er-Jahre. Margarethe und ihr Ehemann Martin Hasdeu, ein gebürtiger Rumäne, war ein Sohn geboren worden – Hans Moser hat sein einziges Enkelkind übrigens nie gesehen. Zwei Jahre nach seiner Geburt starb der Bub an Diphterie. Grete Moser adoptierte daraufhin einen argentinischen Buben, der den Namen Thommy Hasdeu trägt. Blanca Moser wollte dieses Adoptivkind nie als Familienmitglied anerkennen, da sie befürchtete, dass ihr Erbe eines Tages »in fremde Hände« geraten würde. Blanca Moser verzieh ihrer Tochter auch nie, dass sie – da sie in Südamerika in sehr einfachen Verhältnissen leben musste – um vorzeitige Auszahlung eines Teils ihres Erbes gebeten hatte. Auch aus diesem Konflikt hielt sich Hans Moser heraus.

Nach dem Tod des Schauspielers verfasste Blanca Moser insgesamt sechs letztwillige Verfügungen, in denen sie die vorherigen Testamente jedes Mal widerrief. So verfügte sie am 25. Februar 1971: »Da meine Tochter Margarethe Hasdeu geb. Julier, wohnhaft in Buenos Aires, sich durch ihr Verhalten dem Andenken meines verewigten Mannes, ihres Vaters, und auch mir gegenüber für unwürdig und undankbar erwiesen hat, kann ihr auch der Pflichtteil nicht zugesprochen werden.«

Das Testament war weder formell richtig aufgesetzt, noch entsprach es dem Willen Hans Mosers. Und der Pflichtteil kann laut österreichischer Gesetzeslage nur demjenigen entzogen werden, der »den Erblasser im Notstand hilflos gelassen hat« – was bei Margarethe Hasdeu sicherlich nicht der Fall war.

Zudem begann Blanca Moser ihre allerletzte Verfügung – ausgestellt am 12. Jänner 1973 – mit den Worten »Unter Widerruf sämtli-

Ein Bild aus glücklichen Tagen: Blanca und Hans Moser mit Tochter Margarethe Hasdeu (von links)

cher früherer Testamente...«, womit die 83-jährige Witwe Hans Mosers, sicherlich ungewollt, auch die Enterbung der Tochter rückgängig machte.

Das echte Problem in dem jahrzehntelang andauernden Erbschaftsprozess liegt aber ganz woanders: Blanca Moser hatte »offiziell« nur eine Hinterlassenschaft in der Höhe von 500 000 Schilling angegeben, das tatsächliche Vermögen ihres Mannes betrug aber, wie erwähnt, 28 bis 40 Millionen Schilling, die als Grundlage für die Entrichtung der Erbschaftssteuer dienten. Als Blanca Moser am 20. Mai 1974 starb, konnte der Fall daher noch immer nicht abgeschlossen werden. Margarethe Hasdeu forderte den ihr zustehenden Pflichtteil und damit rund ein Viertel des wahren Betrages. Schließlich entschied der Oberste Gerichtshof in Wien zu ihren Gunsten.

Die Zinsen des bei Weitem größten Teils von Hans Mosers Erbe sollten jedoch Blancas Testament zufolge der *Hans-und-Blanca-Moser-Stiftung* zugunsten

1) »alter, alleinstehender Menschen« und

2) »junger Mediziner, die sich zu Krebs- und Herzspezialisten ausbilden lassen«

zukommen. Diese Stiftung besteht heute, fast sechzig Jahre nach Hans Mosers Tod, immer noch. Deren Erträge werden bedürftigen Senioren in Pflegeheimen und der Forschungsarbeit von Ärzten und Medizinstudenten zur Verfügung gestellt.

Daneben gab es noch andere Personen, die um das Erbe prozessierten. Einer Freundin Blanca Mosers wurde ein hoher Geldbetrag zugesagt, doch konnte die Summe, ebenfalls wegen eines formellen Fehlers in Blanca Mosers letztwilliger Verfügung, nicht ausgezahlt werden.

Für Hans Mosers Tochter endete das Erbschaftsverfahren tragisch. Zwar wurde ihr 1988 der Pflichtteil in Höhe von zwölf Millionen Schilling zugesprochen, doch kam ihr das Geld praktisch nicht mehr zugute. Margarethe Hasdeu ist wenige Monate nach Auszahlung der Erbschaft verstorben. Sie erhielt ihren Anteil am Vermögen des Vaters fast ein Vierteljahrhundert nach seinem Tod.

Im Sinne von Hans Moser war das sicher nicht.

Das Erbe des »Opernführers«

Marcel Prawys Vermögen ging in die USA

Nein, hier geht es nicht um die legendären Plastiksackerln, die ja einen erheblichen Teil seines Erbes darstellen. Sondern darum, wo die privaten Ersparnisse des am 23. Februar 2003 verstorbenen »Opernführers« gelandet sind. Die Antwort mag erstaunen: Was Marcel Prawy an irdischen Gütern besaß, wurde an einen Nationalpark in den Rocky Mountains im US-Bundesstaat Colorado überwiesen.

Warum, bitte sehr, an einen Nationalpark? Viel eher hätte man sich die Wiener Staatsoper, die Philharmoniker oder den Musikverein als Erben vorstellen können. Warum aber der *Rocky Mountain National Park* in der Nähe von Denver, den er in seinem Leben nie besucht hat? Abgesehen davon kann Prawy doch die Tier- und Pflanzenwelt von Colorado nicht mehr geliebt haben als die Wiener Oper.

Die Antwort darauf findet sich in seiner dramatischen Familiengeschichte. Marcel Prawy, Jahrgang 1911, hatte eine um sechs Jahre jüngere Schwester namens Edith, zu der er in einer problematischen Beziehung stand. Als sie noch Kinder waren, ließen sich die Eltern scheiden und die Mutter nahm sich das Leben. Während Marcel bei seinem Vater, Richard Frydmann Ritter von Prawy, aufwuchs, wurde Edith zu Zieheltern abgeschoben, weil Prawy sen. davon ausging, nicht ihr Vater zu sein.

Marcel Prawy und sein jüdischer Vater konnten nach dem »Anschluss« im März 1938 in die USA flüchten, doch Edith blieb vorerst bei Freunden in Wien versteckt, bis sich ihr »arischer« Onkel

Hans Wurzian 1941 dazu bekannte, ihr leiblicher Vater zu sein. Es war in diesen Tagen durchaus üblich, dass plötzlich neue »Väter« auftauchten, um das Leben jüdischer Kinder zu retten. Durch diese neue »Vaterschaft« wurde Edith als »Mischling ersten Grades« vom NS-Regime »geduldet«. Ihr gelang noch im Krieg die Flucht in die Schweiz, wo sie den ebenfalls emigrierten Hans London kennenlernte. Sie heirateten, übersiedelten 1952 nach Denver/Colorado.

Edith hat die erzwungene Trennung von ihrer Familie nie verkraftet. Und sie übertrug die Ablehnung ihres zweifellos echten Vaters Richard Prawy auf ihren Bruder. Marcel bemühte sich zeitlebens, die Liebe seiner Schwester zurückzugewinnen. Und er bemühte sich sogar über seinen Tod hinaus darum.

Denn als der kinderlose »Opernführer« am 23. Februar 2003 im Wiener Allgemeinen Krankenhaus starb, fiel Edith London ein großer Teil seines Erbes zu. Sie starb vier Jahre später im Alter von 89 Jahren in Denver. Und machte, da ihr Mann bereits tot und auch sie kinderlos geblieben war, den Nationalpark zum Alleinerben ihres Vermögens in Höhe von 3,2 Millionen Dollar. Darin enthalten ist auch das von Marcel Prawy geerbte Geld.

Als Universalerbe erhielt der *Rocky Mountain National Park* auch Prawys Korrespondenz mit seiner Schwester. Nationalpark-Manager Curt Buchholtz ließ mich in die Briefe Einblick nehmen, die aufzeigen, in welch unterschiedlichen Welten die Geschwister lebten. »Es tut mir aufrichtig weh«, schreibt Marcel im Oktober 1997 an Edith, »dass unser Kontakt nicht enger ist. Ich habe mich immer für euch interessiert, aber seid ihr je zu meinen Veranstaltungen in Denver gekommen? Zu *Vienna on Parade* mit den Deutschmeistern? Zu meiner Plácido-Domingo-Matinee? Ich kann mich nicht daran erinnern und will euch damit auch nicht zur Last fallen ...«

Schwager Hans London antwortete: »Marcilein, Edith macht sich nichts aus all dem Glitzer. Ich weiß, wie sehr Dich das verletzen wird, aber je berühmter Du wurdest, desto mehr liebte Edith die Einsamkeit unserer Berge.«

Prawys Sekretärin und langjährige Vertraute Heidi Artmüller erklärte mir, dass Marcel und seine Schwester Edith »so unterschiedlich waren, dass er sich nicht in ihren Seelenzustand hineinversetzen und sie wiederum seine ehrliche Liebe zu ihr nicht erkennen konnte«.

Unterschiedliche Geschwister: Edith London und Marcel Prawy

Wie viel von den 3,2 Millionen Dollar, die Edith London dem *Rocky Mountain National Park* hinterließ, von ihrem Bruder Marcel stammen, ist nicht bekannt, doch dürfte der Anteil erheblich sein – Marcel Prawy trat bis knapp vor seinem Tod mit 91 Jahren in zahlreichen Fernsehsendungen und Opernmatineen auf.

Nationalpark-Chef Buchholtz erklärt, warum Edith London ihr Vermögen seiner Organisation vermacht hat: »Sie und ihr Mann liebten den Nationalpark, den sie oft besuchten, weil er sie mit seinen Bergen und Seen an ihre österreichische Heimat erinnerte.«

Zu den laut Testament überwiesenen 3,2 Millionen US-Dollar kamen im Juni 2010 weitere 54 792 Dollar dazu, die Marcel Prawy und Edith London posthum vom österreichischen Nationalfonds als Restitution für den durch die Nationalsozialisten erlittenen Schaden zugesprochen wurden. Auch dieser Betrag ging an die *Rocky Mountain Nature Association,* die sich verpflichtete, mit dem gesamten Prawy-London-Erbe Studenten und junge Mitarbeiter auszubilden.

Die Asche ihrer sterblichen Überreste ließ Edith London – wie zuvor schon ihr Mann – in den geliebten Rocky Mountains verstreuen: dorthin, wo die Ersparnisse Marcel Prawys hinflossen.

Was aber aus seinem kulturhistorischen Erbe, den Tausenden Plastiksackerln mit seinem wertvollen Privatarchiv wurde, erfahren Sie im Kapitel *Die Muse des Sonnenkönigs*[*].

---

[*] Siehe Seiten 82–86

Erinnerungen
an Kaisers Zeiten II

Vom Revolutionär zum Minister

Gyula von Andrássy, Sisis engster Vertrauter

Das Gerücht wollte schon zu ihren Lebzeiten nicht verstummen: Kaiserin Elisabeth und der ungarische Graf Gyula Andrássy (1823–1890) seien einander mehr als in Freundschaft verbunden gewesen. Wunder wär's keines, weiß man doch einerseits von manch außerehelichen Eskapaden des Kaisers und andererseits, dass zwischen Sisi und Franz Joseph über Jahrzehnte so gut wie kein körperlicher Kontakt bestand.

Gyula Andrássy schaffte eine erstaunliche Karriere. Als Sohn eines Großgrundbesitzers in Kaschau (heute Košice) zur Welt gekommen, schloss er sich 1848 den Revolutionären an, die für Ungarns Unabhängigkeit kämpften. Dafür in Abwesenheit zum Tod durch den Strang verurteilt, gelang ihm die Flucht nach Paris, wo er die Comtesse Katharina Kendeffy heiratete, um mit ihr nach London zu übersiedeln. Nach seiner Amnestie sagte er sich vom radikalen ungarischen Nationalismus los und trat für einen friedlichen Ausgleich mit Österreich ein. Nach Budapest zurückgekehrt, geschah das Unglaubliche: Der Mann, den man einst als Verräter hinrichten wollte, wurde Abgeordneter zum ungarischen Reichstag, dann ungarischer Ministerpräsident und schließlich 1871 auch k. u. k. Minister des Äußeren und des Kaiserlichen Hauses. In dieser

Funktion hatte er erstmals nicht nur die ungarischen, sondern die gesamtstaatlichen Angelegenheiten zu verantworten.

Als Außenminister verhielt er sich überaus geschickt. Während sein Vorgänger sich als Bismarcks Gegenspieler profilierte, suchte Andrássy eine Verständigung mit dem Deutschen Reich und kam damit den Bestrebungen des Reichskanzlers entgegen. Otto von Bismarck und Gyula von Andrássy hatten das Ziel, die einstigen Feinde von Königgrätz zu versöhnen und ein deutsch-österreichisches Bündnis zu schließen, das 1879 im »Zweibund« tatsächlich realisiert wurde.

Ohne seine große Förderin Elisabeth wäre Andrássys politischer Aufstieg allerdings nicht möglich gewesen. Die beiden hatten sich 1866 anlässlich einer Audienz kennengelernt und vom ersten Augenblick große Sympathien füreinander gezeigt. Aber auch der Kaiser schätzte den politisch liberalen Grafen sehr. Ganz im Gegensatz zu Franz Josephs Mutter, der konservativen Erzherzogin Sophie, die Andrássy und seine Politik aus tiefstem Herzen verachtete, etwa wenn sie am 31. Dezember 1871 in ihr Tagebuch schreibt: »Der Liberalismus mit all seinen Koryphäen, all seinen Unmöglichkeiten. Dass Gott Mitleid mit uns habe!«

Andrássy war gut aussehend und eine imposante Erscheinung. Sisi hielt sich zeitweise mehr in ihrem ungarischen Schloss Gödöllő auf als in Wien. Und Gödöllő war nur dreißig Kilometer von Budapest entfernt, wo Andrássy (mit Frau und drei Kindern) lebte.

In Wien wie in Budapest munkelte man, dass Elisabeths jüngste Tochter Marie Valerie (1868–1924) nicht das Kind des Kaisers, sondern Andrássys wäre. Tatsächlich war diese in Ungarn zur Welt gekommen, und es besteht kein Zweifel, dass Elisabeth ihr mehr Liebe schenkte als ihren anderen Kindern.

Wobei Szenen, wie Andrássy sie 1872 in einem Brief an Sisis Hofdame Ida von Ferenczy beschreibt, viel dazu beitrugen, dass Klatsch und Tratsch über eine mögliche Beziehung mit der Kaiserin von Österreich und Königin von Ungarn blühten: »Und so hatte ich das Glück, sie (Elisabeth, Anm.) zur Bahn begleiten zu können. Als wir dort ankamen, war die Bahnstation voll Menschen, die die Majestäten erwarteten. Stellen Sie sich vor, was für komische Gesichter sie machten, als die Königin mit mir aus einem Fiaker ausstieg und ich sie in den Saal begleitete. Sie beruhigten sich erst wieder, als der Kaiser und Erzherzog Wilhelm auch nachkamen.«

In Schönbrunn, in der Hofburg oder in den anderen Habsburger-Palästen hätten Rendezvous Elisabeths mit dem Grafen nicht weniger Aufsehen erregt, sie fanden daher angeblich in der Wiener Wohnung Ida Ferenczys statt. Sie war es auch, die den größten und wichtigsten Teil der Korrespondenz Andrássys mit der Kaiserin vernichtete, »sicher mit gutem Grund«, wie Brigitte Hamann in ihrer Elisabeth-Biografie schreibt.

Doch selbst die geheimen Treffen in Ferenczys Wohnung und die vernichteten Briefe sind kein Beweis dafür, dass Elisabeth und Andrássy mehr verband als Freundschaft und gemeinsame politische Interessen. Historiker gehen davon aus, dass zwischen dem Politiker und der Frau des Kaisers kein Verhältnis bestand. Das Risiko, von einem Mitglied des Hofstaates ertappt zu werden, wäre zu groß gewesen.

»Andrássy war es«, schreibt Brigitte Hamann, »der bei den Augenzeugen als ›die große Liebe‹ der Kaiserin galt. Zweifellos nahm er eine Sonderstellung in Elisabeths Leben ein ... Es ist als sicher anzunehmen (soweit ein Biograf nach sorgfältiger Prüfung der Quellen eine derartige Aussage machen kann), dass selbst diese

*In enger
Freundschaft zur
Kaiserin: Gyula
Graf Andrássy,
1823–1890*

tiefste Beziehung, die Elisabeth mit einem Mann verband, eine platonische war. Elisabeth betonte später verschiedenen Personen gegenüber mit Stolz: ›Ja, das war eine treue Freundschaft, und sie war nicht durch Liebe vergiftet‹, gemeint war körperliche Liebe, der die Kaiserin zeitlebens ohnehin nichts abgewinnen konnte.«

Wie auch immer, Marie Valerie, die die Gerüchte ihrer angeblichen Herkunft natürlich kannte, mochte Andrássy überhaupt nicht leiden, wie ihre Tagebucheintragung vom 12. November 1884 – sie war damals sechzehn Jahre alt – zeigt: »Ich gab ihm (Andrássy, Anm.) mit großer Patzigkeit die Hand. Seine zuwidere Familiarität

ekelt mich so an, dass ich diesem Menschen gegenüber fast unwillkürlich einen kalten, ja beinahe höhnischen Ton anschlage. Gewiss
hasst er mich ebenso wie ich ihn. Ich hoffe es wenigstens.«[*]

Als fünf Jahre später Andrássys Tod gemeldet wird, urteilt Marie
Valerie wesentlich milder und verständnisvoller: »18. Februar 1890.
Graf Andrássy ist heute Nacht gestorben, nach langem, schwerem
Leiden. Wenn auch kein unerwarteter, so ist es doch ein bitterer
Schlag für Mama, die mit wahrer und unerbittlicher Freundschaft
an ihm hing wie vielleicht an keinem anderen Menschen. ›Mein
letzter Freund‹, sagte sie heute.«

Während man Affären Kaiser Franz Josephs und anderer Monarchen als selbstverständlich hinnahm, wäre die Beziehung einer
verheirateten Frau aus regierendem Hause unverzeihlich und
unvorstellbar gewesen.

Nur einer wurde Kaiser
Duell der Kronprinzen Rudolf und Wilhelm

Wäre er je Kaiser geworden, die Geschichte des 20. Jahrhunderts hätte wohl ganz anders ausgesehen. Kronprinz
Rudolf war eine der widersprüchlichsten Figuren des Hauses
Habsburg. Politisch liberal und seiner Zeit voraus, trauten ihm
viele Menschen zu, die dem Untergang nahe Donaumonarchie

---

[*] Siehe das Kapitel über die Tagebücher der Erzherzogin Marie Valerie auf den Seiten
245–271

retten zu können. Doch persönlich war der Sohn Kaiser Franz Josephs ein psychisch labiler, skrupelloser Aristokrat, der eine junge Frau tötete, ehe er seinem eigenen Leben ein Ende setzte. Ganz anders sein Gegenspieler, der konservative deutsche Kronprinz und spätere Kaiser Wilhelm II.

Sie waren fast gleich alt – Rudolf von Österreich kam 1858 in Laxenburg bei Wien zur Welt, Wilhelm von Preußen im Jahr darauf in Berlin. Beide litten unter einer autoritären, ja brutalen Erziehung und einer gefühllosen Beziehung zu ihren Eltern. Darüber hinaus war Wilhelm durch ein körperliches Gebrechen, die Behinderung seiner linken Hand, stark verunsichert, und es mangelte ihm an Menschenkenntnis und Empathie. Politisch geriet der Hohenzollern-Prinz schon in seiner Jugend in Konflikt mit seinen liberalen Eltern, Prinz Friedrich Wilhelm von Preußen und Prinzessin Viktoria.

Bei Rudolf verhielt es sich umgekehrt, da war Franz Joseph der Konservative, der für die revolutionären Ideen seines Sohnes kein Verständnis zeigte. Während der Kaiser vom Gottesgnadentum seiner Aufgabe überzeugt war, sah Rudolf die Monarchie in seinen Schriften als »mächtige Ruine, die sinken wird«. Diesbezüglich einer Meinung mit seiner Mutter, Kaiserin Sisi, hatte er aber kaum Gelegenheit, sich mit ihr auszutauschen, da sie ständig auf Reisen war.

Während es dem österreichischen Kronprinzen untersagt war, seinen Neigungen nachzugehen und akademische Studien aufzunehmen, war man in Preußen schon weiter: Wilhelm durfte an der Universität Bonn Nationalökonomie, Staats- und Völkerrecht studieren. Eine militärische Ausbildung absolvierten beide in ihren Charakteren so unterschiedliche Prinzen. Doch während der liberale

Zwei ungleiche Thronfolger:
Österreichs liberaler Kronprinz Rudolf und Preußens konservativer Wilhelm

Rudolf die Vision eines vereinten Europas hatte, wollte der konservative Wilhelm sein eigenes Reich stärken und autoritär regieren.

Und er erhält auch bald die Gelegenheit dazu. Als Wilhelm 1888 nach der nur 99-tägigen Regentschaft seines Vaters Preußens Thron bestieg, musste Rudolf weiterhin ungeduldig auf seine Chance warten, Kaiser zu werden. Doch Franz Joseph hielt seinen ungestümen Sohn von allen Regierungsgeschäften fern, da er ihn politisch für unfähig hielt. Rudolf dachte für damalige Verhältnisse »links«, bewunderte die Französische Revolution, sprach sich für eine Verkürzung der Arbeitszeit und für ein Verbot der Kinderarbeit aus. Und er schrieb im liberalen *Neuen Wiener Tagblatt* anonyme Kommentare, in denen er die Regierung seines Vaters kritisierte. Es war Rudolfs Tragödie, hilflos mit ansehen zu müssen, wie nationale Unterschiede und die Armut in der Donaumonarchie immer größer wurden. Wenn es zu einem Gespräch zwischen Vater und Sohn kam, bemühte sich Franz Joseph nicht einmal auf die Ansichten des Thronfolgers einzugehen, sondern wies sie geringschätzig mit den Worten »Der Rudolf plauscht schon wieder« von sich.

Sein erster Staatsbesuch führte Kaiser Wilhelm II. nach Wien, wo er von Franz Joseph empfangen wurde. Rudolf jedoch hasste Wilhelm dermaßen, dass er just zu diesem Zeitpunkt demonstrativ zur Jagd nach Siebenbürgen fuhr, von wo er seiner Frau Stephanie einen Brief schickte, der seine Abneigung nicht deutlicher hätte ausdrücken können: »Den Wilhelm möchte ich höchstens einladen, um ihn durch ein Jagdabenteuer aus der Welt zu schaffen.«

Für einen Mann, der seine »Probleme« wenige Monate später tatsächlich mit der Schusswaffe zu lösen glaubte, sind diese Worte mehr als dramatisch.

In ihrem Privatleben verhielten sich Rudolf und Wilhelm ähnlich. Beide hatten neben ihren Ehefrauen Mätressen. Rudolfs Ehe war zwar anfangs glücklich, verschlechterte sich aber im Lauf der Jahre. Als seine »große Liebe« galt die Prostituierte Mizzi Kaspar, die er als Erste fragte, ob sie mit ihm in den Tod gehen würde. Erst nach deren Ablehnung wandte er sich an die siebzehnjährige Mary Vetsera.

Zur Katastrophe von Mayerling kam es ein halbes Jahr nach Wilhelms Thronbesteigung. Ein Grund für die Wahnsinnstat könnte neben Rudolfs unglücklicher Ehe auch gewesen sein, dass sein Gegenspieler mit dem frühen Tod seines Vaters die Gelegenheit bekam, die Regentschaft zu übernehmen, während der österreichische Kronprinz in absehbarer Zeit nicht damit rechnen konnte.

In Preußen zwang Wilhelm II. indes Reichskanzler Bismarck zum Rücktritt, ohne sein Reich selbst konsequent führen zu können. Als Kaiser versuchte er sich zwar in sozialpolitischen Reformen, erzielte darin aber keine wirklichen Erfolge. Obwohl in Wissenschaft und Technik aufgeschlossen, scheiterte Wilhelm innen- und außenpolitisch, indem er in das diplomatische Geschehen, das zum Ersten Weltkrieg führte, nicht ernsthaft eingriff. Am 28. November 1918 endete mit seiner Abdankung das »Wilhelminische Zeitalter«.

Später spielte Wilhelm eine Zeit lang als Unterstützer Hitlers eine unrühmliche Rolle. Der Ex-Kaiser starb 1941 in seinem niederländischen Exil.

Sie waren die Kronprinzen zweier Weltreiche. Beide sind an sich selbst gescheitert.

Ein Lebenskünstler

»In Liebe Jackie«

Jacqueline Kennedys österreichischer Freund

Würde Dich gerne sehen ... In Liebe Jackie«. Diese Zeilen schrieb Jacqueline Kennedy mittels Telegramms an einen im niederösterreichischen Grillenberg lebenden Maler, ehe sie sich mit ihrem Mann, dem Präsidenten der Vereinigten Staaten, auf den Weg nach Wien, zum Gipfeltreffen mit Kreml-Chef Nikita Chruschtschow, machte.

Wer ist der Mann, den Amerikas First Lady treffen wollte, als sie nach Österreich kam?

Er hieß Franz Bueb, war Maler, Architekt, Fotograf, vor allem aber Lebenskünstler. Er schaffte es, dass viele Große dieser Welt nicht nur von ihm porträtiert werden wollten, sondern auch seine Gesellschaft suchten.

Ich lernte Franz Bueb 1973 in Venedig als fröhlichen und liebenswürdigen Kauz kennen. Er war mit einem alten Fischkutter unterwegs, mit dem er durch verwinkelte venezianische Kanäle streifte und mit leichter Hand den Markusplatz, vorbeirudernde Gondolieri, alte Palazzi und junge Frauen malte. Als jungem Reporter, der ich damals war, wurde mir die Aufgabe übertragen, ein Porträt Franz Buebs zu schreiben.

170

*Maler, Fotograf,
Architekt, vor allem
aber Lebenskünst-
ler: Franz Bueb,
Jackie Kennedys
österreichischer
Freund*

Franz Bueb ist seit Langem tot und vergessen, doch in seinen Glanzzeiten war er ein Star, um den sich die Prominenz scharte. Er verkehrte mit den Kennedys, mit Churchill, dem Herzog von Windsor, Gary Cooper, dem Bankier Rothschild und Fiat-Konzernchef Gianni Agnelli. Die meisten von ihnen hatten seine Bilder in ihren Villen und Palästen hängen.

Vor allem aber kannte er die schönsten Frauen der Welt: »Jackie« Kennedy, Marilyn Monroe, Ingrid Bergman, Sophia Loren, Eliette von Karajan und Hedy Lamarr, die sich von ihm porträtieren ließen. Oder seinem Charme erlegen sind.

Franz Bueb wurde 1916 in Schleswig-Holstein als Sohn einer Hoteliersfamilie geboren. Er emigrierte 1937 noch vor Abschluss der Berliner Kunsthochschule als »blinder Passagier« auf einem Kohlendampfer in die USA, ohne von den Nazis verfolgt zu werden – aber weil er spürte, was mit Hitler auf Europa zukommen würde. Er verließ den sicheren Hafen seiner Familie und brachte sich in Amerika durch Gelegenheitsarbeiten, etwa als Zeichner von Tapetenmustern, durch. Von hier war's ein weiter Weg zum begehrten Porträtisten und »Hofmaler von Palm Beach«. Er mochte den Ausdruck »Prominentenmaler« nicht, aber in jenen seinen amerikanischen Jahren war er einer. Die Reichen und die Schönen rissen sich darum, seine Zeichnungen und Aquarelle zu besitzen.

Franz Bueb liebte schöne Frauen, vor allem liebte er es, sie zu malen, und die Frauen liebten ihn. Und so ist's kein Wunder, dass hinter vorgehaltener Hand von mancher *amour fou* die Rede ist. In einigen Fällen bleiben es Gerüchte, in anderen bestehen keine Zweifel, etwa dass er mit Hedy Lamarr, der Wienerin, die als schönste Frau ihrer Zeit galt, liiert war. »Die Österreicherin und der Maler füllten über ein Jahr die Klatschspalten der New Yorker und der Palm-Beach-Gazetten«, schreibt Bueb-Biografin Eleonore Rodler. »Es war in jedem Fall eine große Liebe und eine sehr wichtige Beziehung in Franz Buebs Leben.« In einem undatierten Brief*, der auf beider Erfolge anspielt, schreibt Bueb an Hedy Lamarr:

Child of the Amazone! Was machst du nur? Immer berühmter werden – zweifellos – gut so, denn ich bewundere gerne jene, die ich liebe ... Das Geld kommt nur so geflogen, ich kann es gar

---

* Vermutlich Anfang der 1940er-Jahre

nicht glauben, besonders nachdem mich jeder, inklusive deiner selbst, vor den Newport-Leuten als besonders knickrig gewarnt hat. Bitte komm schnell zurück und hilf mir das Geld zu verbrauchen. Love Franz.

Solchermaßen als Schwerenöter, aber auch durch Ausstellungen und Titelblätter für *Reader's Digest* und das *Life*-Magazin bekannt geworden, lernt er in Palm Beach den Herzog und die Herzogin von Windsor, die Vanderbilts, den Hoteltycoon J. W. Marriott, die Maharani und den Maharadscha von Jaipur kennen. Die meisten von ihnen porträtiert er auch.

Was Bueb gerne für sich behielt, war seine erste Ehe mit Jean Broulik, der Nichte des Viersternegenerals George S. Patton, der im April 1945 noch eine für Österreich bedeutende Rolle spielen sollte, als er die Lipizzaner vor den Sowjets rettete*. Doch die Ehe endete nach kurzer Zeit: Als Franz von einer Arbeitsreise mit Staffelei und Pinsel nach New York zurückkehrt, findet er sein ganzes Hab und Gut vor der Tür. Was soll's, die Großstadt war ohnehin nie das Seine, und es dauert auch nicht lange, bis der *homme à femme* Trost in den Armen einer anderen findet.

Die Liaison mit Hedy Lamarr steht außer Zweifel, was Jackie Kennedy betrifft, hat er sich nie geäußert. Jedenfalls stand er der First Lady sehr nahe, wie der erhalten gebliebenen Korrespondenz zu entnehmen ist.

Als Ersten aus dem Kennedy-Clan lernt Franz Bueb 1946 den späteren US-Präsidenten kennen. John F. Kennedy erlangt damals gerade einen Sitz im Repräsentantenhaus und beginnt seine politi-

---

* Siehe das Kapitel über die Rettung der Lipizzaner auf den Seiten 213–217 sche Karriere. »Jack«, wie John von Freunden genannt wird, und Franz begegnen einander anlässlich einer Bueb-Ausstellung im exklusiven *Everglades Club* in Palm Beach, in dem sie sich dann regelmäßig zum Tennis treffen. In Buebs Nachlass finden sich mehrere Briefe des US-Präsidenten.

Kennedy und seine spätere Frau Jacqueline Bouvier kennen einander zu diesem Zeitpunkt noch nicht, sie treffen sich erstmals 1951. Im Jahr darauf lernen einander Bueb und Jackie kennen, ebenfalls bei einer Ausstellungseröffnung. Nachdem Jack und Jackie im September 1953 heiraten, bleibt sie mit Bueb in intensivem Kontakt, weil sie sich für seine Kunst, im Besonderen für seine Aquarelle, begeistert. Sie besucht, wann immer sie kann, seine Vernissagen, und das Ehepaar Kennedy kauft viele seiner Bilder, die in ihren Appartements hängen, später auch im Weißen Haus.

Bueb weiß die Freundschaft zu nützen, schreiben doch die *Daily News*, als er die künftige First Lady zum ersten Mal porträtiert: »Bueb malte Jackie Kennedy, das macht ihn unsterblich.«

Als er für dieses Porträt auf seine Gage verzichten will, um sie für Kennedys Wahlkampf zu spenden, flüstert ihm Jackie zu: »Lass Jack ruhig zahlen, er kann es sich leisten!«

1954 kehrt Franz nach Europa zurück, um das aufregende Leben mit den oberen Zehntausend gegen ein beschauliches, unspektakuläres in einem kleinen niederösterreichischen Dorf zu tauschen. Nachdem er im Auftrag des Bankiers Edmond de Rothschild Porträts von dessen Familie angefertigt hat, lernt Bueb Franz Josef Habsburg-Lothringen kennen, der den jungen Künstler einlädt, sein niederösterreichisches Jagdschloss Steinhof bei Berndorf mit Wandmalereien zu versehen. Statt mit Geld zahlt der

»Er kann es sich leisten«: das erste von Franz Bueb gemalte Porträt Jackie Kennedys

Spross aus ehemals kaiserlichem Haus mit einem Grundstück im nahen Ort Grillenberg. Für dieses plant Bueb im Alleingang, ohne je Architektur studiert zu haben, ein Blockhaus, in dem er sich niederlässt.

Er züchtet jetzt Tauben, seltene Hühner, und er malt natürlich. Und muss sich eingestehen, dass er das Leben, in dem er seine größten Erfolge gefeiert und viel Geld verdient hat, hinter sich gelassen hat. Gerade da kommt das Telegramm der First Lady aus den USA.

Eigentlich will ihn Jackie in Grillenberg besuchen, doch der Wunsch wird von den Securityleuten abgelehnt, weil das Gelände um Buebs Haus nicht den nötigen Sicherheitsstandards entspricht. Nach Prüfung des engmaschigen Protokolls bleiben der First Lady nur zwei Gelegenheiten, ihren Freund im Rahmen des Staats-

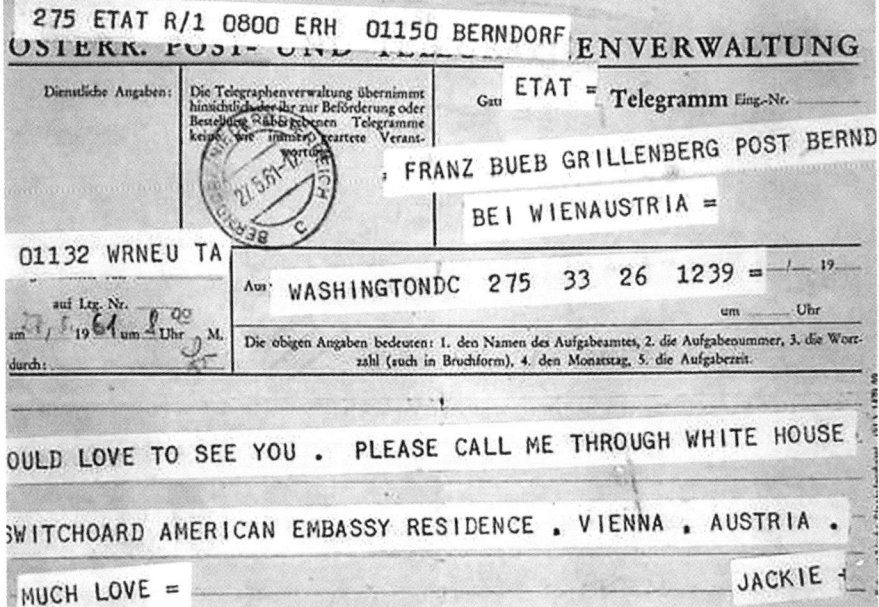

275 ETAT R/1 0800 ERH   01150 BERNDORF
OSTERR. POST- UND TELE...EN VERWALTUNG

Dienstliche Angaben: | Die Telegraphenverwaltung übernimmt hinsichtlich der ihr zur Beförderung oder Bestellung übergebenen Telegramme keine, wie immer geartete Verantwortung | Gau **ETAT** = **Telegramm** Eing.-Nr.

FRANZ BUEB GRILLENBERG POST BERND
BEI WIENAUSTRIA =

01132 WRNEU TA

Aut WASHINGTONDC 275 33 26 1239 = /— 19

auf Ltg. Nr.   um ____ Uhr

am / 1961 um Uhr M. Die obigen Angaben bedeuten: 1. den Namen des Aufgabeamtes, 2. die Aufgabenummer, 3. die Wortzahl (auch in Bruchform), 4. den Monatstag, 5. die Aufgabezeit.
durch:

OULD LOVE TO SEE YOU . PLEASE CALL ME THROUGH WHITE HOUSE

SWITCHOARD AMERICAN EMBASSY RESIDENCE . VIENNA . AUSTRIA .

MUCH LOVE =   JACKIE

»*Würde Dich gerne sehen. Bitte rufe mich über das Weiße Haus an, Telefonzentrale Residenz der amerikanischen Botschaft. Wien. Österreich. In Liebe Jackie*«:
Telegramm Jacqueline Kennedys an Franz Bueb vom 27. Mai 1961

besuchs zu sehen: bei einem einstündigen Meeting in der amerikanischen Botschaft und bei einer Vorführung der Spanischen Hofreitschule, bei der Bueb auf Jackies Wunsch in der ersten Reihe sitzt. Auf dem einzigen Foto, das es von dieser Begegnung gibt, sieht man der strahlenden Mrs. Kennedy die große Freude an, die sie in diesem Moment verspürt.

Für Bueb ist der Besuch ein mehrfach glückhaftes Ereignis: Er weiß natürlich, dass der Onkel seiner ersten Frau Jean (mit der er in bestem Einvernehmen ist) einst die Lipizzaner gerettet hat. Aber auch, weil er sich mittlerweile neben der Porträt- und Landschaftsmalerei auf Pferdebilder spezialisiert hat. Und vor allem, weil er Jackie wiedersieht.

Die internationalen Zeitungs-, Radio- und Fernsehberichte, die Franz Bueb mit Amerikas »First Family« in Verbindung bringen, sind eine unbezahlbare Publicity für den in Österreich damals noch wenig bekannten Maler. Plötzlich lädt man den »Freund der Kennedys« zu Gesellschaften ein, die fasziniert seinen Geschichten aus dem Weißen Haus, über Churchill, den Herzog von Windsor und viele Hollywoodstars lauschen. Franz Bueb ist im Gespräch, und er ist, wenn er braun gebrannt mit einer Zigarre im Mund in seinem grünen MG-Cabrio durch die Wiener Innenstadt fährt, eine auffallende Erscheinung. Er verkauft viele Bilder, baut sich ein zweites Haus in Kitzbühel.

Sichtlich erfreut über das Wiedersehen: Jackie Kennedy begrüßt Bueb in der Spanischen Hofreitschule.

Zweieinhalb Jahre nach seinem Wien-Besuch, am 22. November 1963, wird John F. Kennedy ermordet. Ein Schock für die ganze Welt, ein Schock für Franz Bueb, der Jack siebzehn Jahre zuvor in Palm Beach kennengelernt hat, als er noch weit davon entfernt war, der mächtigste Mann der Welt zu sein.

Franz Bueb ist auch in den nun folgenden Jahren immer wieder in den USA und bleibt mit der nunmehrigen Präsidentenwitwe bis zu seinem Tod in Kontakt, auch als sie bereits Mrs. Onassis war.

1968 lernt Franz Bueb im Stadtbüro der *Alitalia* die wesentlich jüngere Gudrun Plöb kennen. »An einer Beziehung war ich nicht interessiert«, erzählt die Witwe heute, »weil er ja ganz offen davon gesprochen hat, dass er seine Freiheit braucht, und auf so etwas wollte ich mich nicht einlassen. Aber im Lauf der Zeit sind wir zusammengewachsen, und eines Tages haben wir geheiratet.«

Seine Liebe zu schönen Frauen spiegelt sich nicht zuletzt in seinen Bildern wider, junge Mädchen en face und im Profil, immer ästhetisch, immer aus der Sicht des Bewunderers.

Im Jänner 1982 bedankt sich Jackie Kennedy-Onassis bei Franz noch für sein Weihnachtsgeschenk, ein Plakat seiner letzten Ausstellung im Rathaus von Guntramsdorf. »Es wird in jenem Haus hängen, das ich am meisten liebe«, schreibt sie, »zusammen mit Deinen anderen Bildern, die mir so viel Freude gemacht haben über all die Jahre – und die so viele Erinnerungen wecken. Was für ein brillanter Künstler Du geworden bist, ständig wachsend, Dich verbessernd. Sicher bist Du jetzt schon eine nationale Kostbarkeit.«

»Eine nationale Kostbarkeit«, meint seine Biografin Eleonore Rodler, »war er nicht geworden – das war für ihn am Ende seiner Laufbahn als Künstler nicht mehr wichtig, hatte er doch alles erreicht, was er sich ehemals gewünscht hatte.«

Franz Bueb stirbt plötzlich und unerwartet am 26. Mai 1982 im Alter von 66 Jahren in seinem Haus in Grillenberg.

Wie viele der einstmals berühmten Frauen, die er gemalt, verehrt und geliebt hat, ist auch er, der gefeierte Societylöwe, in Vergessenheit geraten. Aber begeisterte Sammler, die seine Aquarelle und Zeichnungen an ihren Wänden hängen haben und in Ehren halten, die gibt es immer noch.

Umgeben von interessanten Frauen: Franz Bueb porträtiert Ingrid Bergman.

Aus schlimmen Zeiten

Der »Prominententransport«

Hitlers erste Gefangene

Leopold Figl hat über seine Verhaftung, über die Bahnfahrt nach Dachau und den fünfjährigen Aufenthalt im Konzentrationslager stets geschwiegen. »Red ma net drüber«, sagte er, wenn er darauf angesprochen wurde. Zu groß waren der Schmerz und die Demütigung, die er und seine Kameraden in der Nazihaft erleiden mussten. Bis heute wird die Verschleppung nach Dachau als »Prominententransport« bezeichnet. Ein Ausdruck, der freilich erst nach dem Ende der Nazidiktatur entstand.

Als »prominent« galten viele der hundertfünfzig Österreicher, weil sie bis zum »Anschluss« in führenden politischen Positionen tätig waren. Egal, ob als Christlichsoziale, Sozialdemokraten, Monarchisten, Kommunisten, Schriftsteller oder Wirtschaftstreibende – wer anders dachte als die Nazis, war ein potenzieller Feind. Und Feinde wurden verfolgt, misshandelt, ermordet.

Die Passagiere des »Prominententransports« – ein Drittel Juden, zwei Drittel Nichtjuden – waren die ersten österreichischen Gefangenen der Nationalsozialisten. Die meisten von ihnen wurden bereits am Tag des Einmarsches der NS-Truppen in die Rossauer Kaserne gesteckt, ehe sie am 1. April 1938 per Bahn ins Konzentrationslager Dachau bei München gebracht wurden. Welche Personen betroffen waren, stand längst fest, da der nationalsozialistische Politiker Arthur Seyß-Inquart bereits seit Februar als Innen- und Sicherheitsminister über alle polizeilichen Unterlagen verfügte und daher in der Lage war, die entsprechenden Listen zu erstellen.

Unter den »Schutzhäftlingen« befanden sich die späteren Bundeskanzler Leopold Figl und Alfons Gorbach, der Innenminister und Gewerkschaftsbundpräsident Franz Olah, mehrere gewesene und künftige Minister, Landeshauptleute des autoritären Ständestaates, Wiens Bürgermeister, hohe Beamte und Offiziere, der Vorsteher der Israelitischen Kultusgemeinde, der spätere Nationalratspräsident Alfred Maleta und der spätere Vizekanzler Fritz Bock.

»Als wir auf dem Westbahnhof von der Wiener Polizei der Dachauer SS übergeben wurden, hörten wir auf, Menschen zu sein«, schreibt der renommierte Journalist Rudolf Kalmar nach dem Krieg seine Erinnerungen an den »Prominententransport« nieder. »Wir hockten, Mann an Mann gepresst, im Abteil ... und mussten in das elektrische Licht starren, ohne zu zwinkern, wenn wir nicht eine Tracht Prügel riskieren wollten. Wir mussten Hunderte Kniebeugen machen, unsere Gegenüber ohrfeigen und einander ins Gesicht spucken. Zehn Stunden lang ohne Unterlass. Während der Fahrt von Wien nach München.«

In Dachau angekommen, wurden den »Prominenten« die Haare geschoren und jegliches Eigentum abgenommen. Sie mussten sich vollkommen nackt ausziehen und wurden in blau-weiß gestreifte Gewänder aus grobem Stoff gesteckt. Um die Insassen auch in der Öffentlichkeit zu demütigen, wurden sie in dieser Aufmachung fotografiert und Plakate in ganz Österreich mit der Aufschrift affichiert: »Juden und Judenknechte in Dachau auf Sommerfrische«.

Die Österreicher wurden in Block 13 untergebracht und jeder Einzelne mit einer Nummer versehen. Figl teilte man die körperliche Schwerstarbeit als Maurer zu und verlieh ihm die Nummer 13897.

Der spätere Bundeskanzler war einer der Ersten, die von der SS halb tot geprügelt wurden. Da es untersagt war, während der Arbeit am Bau mit den Mithäftlingen zu sprechen, machte sich Figl doppelt strafbar: Er flüsterte einem Kameraden ein paar Worte zu, in denen noch dazu der verbotene Ausdruck »Österreich« vorkam. Daraufhin verurteilte ihn der Kommandant zu einer Strafe von 25 Schlägen.

Zwei kräftige SS-Männer droschen mit dicken Ochsenziemern auf Figl ein. »Als er wieder losgebunden wurde«, schreibt Figl-Biograf Ernst Trost, »lag er bewusstlos auf dem Block – mit blutverschmiertem, zerschlagenem Rücken. Ein Wächter übergoss Figl mit Wasser und dann schleppten ihn zwei Kameraden zum Bunker. Denn außer der Prügelstrafe hatte er noch sechs Wochen Dunkelhaft ausgefasst – allein in einer fensterlosen Zelle, in der nur eine Pritsche stand.«

Sein Mithäftling Rudolf Kalmar war überzeugt, dass die brutale Behandlung zu Figls frühem Tod führte. Denn bei der Prügelstrafe wurden die abgemagerten, geschundenen Opfer auch in der Nierengegend geschlagen, und Figl starb mit 62 Jahren an einer Nierenkrankheit. Figl blieb 62 Monate, bis zum 8. Mai 1943, im KZ Dachau, wurde jedoch bald nach seiner Freilassung wieder verhaftet und bis zur Befreiung Wiens in das Landesgericht gesperrt.

Zweifellos erleichterte die Tatsache, dass Christlichsoziale und Sozialdemokraten in Dachau auf engstem Raum lebten, in der Zweiten Republik die Zusammenarbeit zwischen ÖVP und SPÖ.

Drei Angehörige des sogenannten »Prominententransports« im KZ Dachau.
Rechts im Bild: der spätere Bundeskanzler Alfons Gorbach

Prominente KZ-Insassen hatten sich in der Nazihaft angefreundet und bekleideten nach 1945 wichtige politische Ämter. »Diese menschliche Solidarität und Hilfsbereitschaft ging über die Grenzen der alten politischen Lager hinweg«, schreibt Franz Olah in seinen Memoiren. Historiker bezeichnen es jedoch als Mythos, dass der »Geist der Lagerstraße« die Große Koalition geschmiedet habe – diese ergab sich eher aus der Notwendigkeit heraus, sich gemeinsam gegen die Besatzungsmächte durchzusetzen.

Neben den »schwarzen« Politikern Figl, Maleta, Gorbach und Bock sowie dem »roten« Olah zählten auch der spätere kommunistische Wiener Kulturstadtrat Viktor Matejka, der Wiener Ex-Bürgermeister Richard Schmitz und der burgenländische Ex-Landeshauptmann Hans Sylvester zu den Häftlingen des »Prominententransports«. Die Überlebenden trafen einander nach dem Krieg an jedem 1. April in der Wiener Michaelerkirche zu einem Gedenkgottesdienst.

Eine bevorzugte Behandlung, weil sie bekannt oder bedeutend waren, gab es für die Insassen des »Prominententransports« nicht. Von den hundertfünfzig Männern wurden 33 von den Nazis ermordet. Unter ihnen auch der Schriftsteller Fritz Löhner-Beda, der die Texte zu Lehár-Operetten wie *Das Land des Lächelns* und *Giuditta* geschaffen hatte. Er wurde von Dachau über das KZ Buchenwald nach Auschwitz deportiert, wo er am 4. Dezember 1942 von einem Aufseher erschlagen wurde.

Die Tragödie des kleinen Bruders
Hans Rosenthals Familiengeschichte

Er war der Inbegriff der guten Laune und der Fröhlichkeit, doch ich lernte Hans Rosenthal ganz anders kennen: als er mir vom Schicksal seines »kleinen Bruders«, wie er ihn liebevoll nannte, erzählte. Ich traf den *Dalli Dalli*-Quizmaster im Oktober 1985 in Berlin zum Interview.

Hans und sein um sieben Jahre jüngerer Bruder Gert lebten im Jüdischen Waisenhaus Berlins. Ihre Eltern waren früh verstorben. Als Hans 1942 siebzehn Jahre alt war, musste er das Waisenhaus verlassen, sein Bruder blieb. Und wurde wenige Monate später zusammen mit vielen anderen Kindern – »da waren drei- und vierjährige Knirpse darunter« – in den Osten abtransportiert.

Es ging nach Riga und von dort in einen nahe gelegenen Wald, in dem Gert erschossen wurde. »Als ich meinen Bruder ein letztes Mal im Waisenhaus besuchte«, erinnerte sich Rosenthal, »hatte Gert von seinen Ersparnissen fünfzig Postkarten gekauft. Er hielt sie stolz in der Hand und zeigte sie mir: ›Hansi‹, sagte er, ›auf diesen Karten steht schon deine Adresse. Ich habe sie alle vorbereitet. Alle zwei Tage werde ich dir schreiben, wie es mir geht.‹«

Hans Rosenthals erschütternder Nachsatz: »Ich habe nicht eine dieser Postkarten bekommen. Und ich habe meinen Bruder nie wieder gesehen.«

Hans Rosenthal selbst überlebte »wie durch ein Wunder«. Er passierte verschiedene Jugendlager, wurde zu Zwangsarbeiten in Fabriken und als Totengräber auf einem Friedhof eingeteilt. »1943

»Ich habe meinen Bruder nie wieder gesehen«: Hans Rosenthal und sein jüngerer Bruder Gert, 1942

haute ich einfach ab. Der Boden in einer Blechfabrik, in der ich arbeitete, war mir zu heiß geworden.«

Er riss seinen gelben Judenstern vom Sakko und flüchtete nach Berlin, um dort unterzutauchen. »In Berlin bot mir die Freundin meiner verstorbenen Mutter an, mich in einem Schrebergartenhaus zu verstecken.« Doch sie verstarb bald.

Rosenthal war aber auf fremde Hilfe angewiesen, denn als »U-Boot« konnte er nirgendwo hingehen, um für seine Verpflegung zu sorgen.

»Da habe ich mich auf gut Glück einer Nachbarin anvertraut. Sie und noch ein paar andere Bewohner der Siedlung haben mich dann bis zum Ende des Krieges geschützt.«

Insgesamt fünf Mal war Hans Rosenthal durch unwahrscheinliches Glück dem Konzentrationslager entkommen. Immer kurze Zeit, nachdem er sein jeweiliges Jugendlager verlassen hatte, waren seine Mithäftlinge von dort nach Auschwitz, Dachau oder Buchenwald verschleppt worden.

Von Gerts Ermordung erfuhr Hans erst nach dem Krieg. Er zeigte mir den Mitteilungsschein des Internationalen Roten Kreuzes, auf dem sein letzter Weg mit der Notiz vermerkt ist: »Gert Rosenthal, Transport nach Riga.« Es bedeutete den Tod für seinen Bruder. »Ich habe bis zum Schluss geglaubt, ich finde ihn, wir werden uns wiedersehen.« Der Tag seines Todes war vermutlich der 22. Oktober 1942.

Bei aller Trauer und Bitterkeit, die den Publikumsliebling auch bei diesem Rückblick befielen, hat sein Überlebenskampf auch positive Eindrücke bei ihm hinterlassen: »Die Menschen in der Schrebergartensiedlung setzten ihr eigenes Leben aufs Spiel, um meines zu retten. Deshalb bin ich ohne Ressentiments. Man darf eben nicht alle, die in dieser Zeit in Deutschland und Österreich lebten, in einen Topf werfen.«

Damals, im Oktober 1985, als ich ihn in Berlin traf, zählte Hans Rosenthal zu den größten Entertainern im deutschsprachigen Raum. »Ich bin sehr glücklich darüber«, sagte er, »und ich glaube, es ist mir durch meine Sendungen gelungen, den Antisemitismus abzubauen. Denn die Leute schauen sich das an und sagen: ›Der ist ja wie wir.‹«

Hans Rosenthal starb etwas mehr als ein Jahr nach unserem Treffen am 10. Februar 1987 im Alter von 61 Jahren in Berlin an den Folgen seiner Krebserkrankung.

Friseur und Diktator

Wie es zu Chaplins berühmtestem Film kam

Die Entstehungsgeschichte des *Großen Diktators* beginnt mit einem Zeitungsartikel. Charlie Chaplin las in einem amerikanischen Magazin von einem Erlass Adolf Hitlers, demzufolge Chaplin-Filme in Deutschland nicht mehr gezeigt werden durften, weil der Schauspieler dem »Führer« so ähnlich sehe. In der Tat. Sowohl Chaplins damals schon weltberühmte Figur des »Tramps« als auch der Diktator trugen ein komisches kleines Bärtchen, und beide bewegten sich sonderbar. Biografische Parallelen ergaben sich insofern, als Chaplin vier Tage vor Hitler zur Welt gekommen und ebenso wie dieser in ärmlichen Verhältnissen aufgewachsen war.

Je mehr Chaplin über das Verbot seiner Filme und seine Ähnlichkeit mit Hitler nachdachte, desto mehr fesselte ihn der Gedanke, in die Rolle des Despoten zu schlüpfen. Den nächsten Anstoß gab der britische Filmproduzent Alexander Korda, verrät Chaplin in seinen Memoiren: »Er schlug mir vor, einen Hitler-Film zu drehen, in dem es um eine Personenverwechslung geht.« Und mit wem konnte eine Verwechslung möglichst drastisch erscheinen? Das war Chaplins Königsidee: mit einem kleinen jüdischen Friseur.

Die Filmstory ist in wenigen Worten erzählt: Der Friseur gelangt auf der Flucht vor den Nazis an einen See, in dem Hitler (Chaplin nennt ihn Hynkel) gerade mit einem Boot kentert. Hynkel schwimmt ans Ufer und wird verhaftet, weil man ihn für den Friseur hält. Umgekehrt wird der Friseur für Hynkel gehalten, der danach eine Radioansprache halten soll. Doch statt der üblichen Hetztiraden erleben die Hörer eine flammende Rede für Frieden, Menschlichkeit und Demokratie. Höhepunkt des Films ist der Tanz Charlie Chaplins (der den Diktator und den Friseur spielt) mit der Weltkugel, die er zu guter Letzt so fest umarmt, dass sie platzt.

Die *Szene* Hynkels mit dem Luftballon als Globus – untermalt mit Richard Wagners Vorspiel zur Oper *Lohengrin* – stellt einen der Glanzpunkte der Filmgeschichte dar, auch und vor allem, weil sie gleichzeitig bitterböse und umwerfend komisch ist. Chaplin glaubte an das Lachen als Waffe, mit der es ihm wie niemandem sonst gelungen ist, Hitler in seiner ganzen Lächerlichkeit bloßzustellen.

»Mein Vater begann Hitler zu studieren«, erinnerte sich Chaplins Sohn Charles jun. »Zu diesem Zweck ließ er sich alle Wochenschauaufnahmen kommen, derer er habhaft werden konnte. Stundenlang betrachtete er diese Filmstreifen. Er sah Hitler, wie er mit Kindern sprach, Patienten in Krankenhäusern besuchte und bei allen möglichen Anlässen Reden hielt. Dad studierte jede Pose des Diktators, übernahm seine Eigenheiten und war von dem Gesamteindruck gefesselt.«

Chaplin selbst erklärte, dass »Hitlers Gesicht in obszöner Weise komisch war – eine schlechte Imitation von mir, mit dem absurden Schnurrbart, den ungekämmten, strähnigen Haaren und dem widerwärtigen kleinen Mund ... Das ist ein Verrückter, dachte ich. Doch als Einstein und Thomas Mann gezwungen wurden, Deutschland zu verlassen, war dieses Gesicht Hitlers nicht mehr komisch, sondern unheimlich.«

Chaplin wollte den »Führer« als Satire zeigen und die Menschen wachrütteln, um die Schrecken der Diktatur zu dokumentieren. »Dad sah es als seine Mission an«, sagte der Sohn, »seinem Ebenbild, dem wahnsinnigen Hitler, den Spiegel der Lächerlichkeit vorzuhalten und dadurch zu zeigen, wer er wirklich war – ein diabolischer Narr.«

Der in den Jahren 1939 und 1940 in Hollywood gedrehte erste Tonfilm Charlie Chaplins durfte im Dritten Reich natürlich nicht gezeigt werden, auch mit dem immer wiederkehrenden Hinweis, dass der britische Kinostar »der jüdischen Rasse« angehören würde – was im Übrigen nicht stimmte. In deutschen Zeitungen wurde dennoch, klarerweise mit vernichtendem Urteil, über die Existenz des *Großen Diktators* geschrieben, und der linientreue *Filmkurier* meldete am 22. November 1940 spöttisch und schadenfroh, dass der Frachter, auf dem sich die für Großbritannien bestimmten Kopien des Chaplin-Films befanden, auf der Fahrt von Amerika nach England von deutschen U-Booten versenkt worden sei.

Hitlers Propagandaminister Joseph Goebbels besorgte sich eine Kopie des *Great Dictator* und soll, als er den Film sah, Tobsuchtsanfälle bekommen haben, weil er »das übelste Machwerk« sei, das man über den »Führer« des Deutschen Reichs jemals hervorgebracht habe. Goebbels erkannte, dass der »Führer« als groteske Figur dargestellt wurde, die an Lächerlichkeit nicht zu überbieten war. Ob Hitler selbst den Film je gesehen hat, ist nicht überliefert.

Doch Chaplins Meisterwerk fand auch in den USA, insbesondere bei der mächtigen Hearst-Presse, wortgewaltige Gegner, die den Film verbieten lassen wollten. Chaplins Produktionsfirma wurde während der Dreharbeiten vom Verleih davor gewarnt, dass der Film Schwierigkeiten mit der Zensur bekommen würde, und es gab die Drohung, dass man in den Kinos Stinkbomben werfen oder die Leinwand zerschneiden würde. Der Deutsch-Amerikanische Bund ließ in den Hollywoodstudios Flugblätter verteilen, die zum Boykott

»Hitler war eine schlechte Imitation von mir«: Chaplins großer Diktator und sein berühmter Tanz mit der Weltkugel

der Mitarbeit an diesem und anderen Antinazi-Filmen aufriefen. Auch vonseiten der US-Regierung empfahl man Chaplin noch während der Dreharbeiten, *The Great Dictator* nicht fertigzustellen.

Erst nach der Kriegserklärung Deutschlands an Amerika am 11. Dezember 1941 endete in den USA die Kritik an Chaplin, und er wurde zum Helden, der es immer schon gewusst hatte.

Und so mutierte *Der große Diktator* zu Charlie Chaplins erfolgreichstem Film. Und dennoch stellte der Drehbuchautor, Produzent, Regisseur, Komponist und Hauptdarsteller in seiner Autobiografie selbst infrage, ob der Film der richtige Weg gewesen sei, Hitler zu bekämpfen: »Hätte ich etwas von den Schrecken in den deutschen Konzentrationslagern gewusst, ich hätte den *Großen Diktator* nicht zustande bringen, hätte mich über den mörderischen Wahnsinn der Nazis nicht lustig machen können.«

In den deutschen Kinos wagte man es erst 1958, den Film zu zeigen, weil man im schlimmsten Fall Kundgebungen für Hitler befürchtete.

Hitlers »Edeljuden«
Ein Richter, ein Arzt, eine Prinzessin und ein Hellseher

Schon der Ausdruck »Edeljude« zeugt von impertinenter Grausamkeit. Gemeint waren einige wenige »Nichtarier«, die Hitler, wenn auch nur vorübergehend, anders behandelt hat als die Millionen, die er verfolgen und vernichten ließ. Es waren Juden, die von Hitlers Gnaden überleben durften, weil er sie persönlich kannte oder sich einen Vorteil von ihnen erhoffte. Aber nicht einmal darauf konnte man sich verlassen, wie die Schicksale von vier solchen »Edeljuden« aufzeigen.

Erst im Jahr 2011 wurden in deutschen Archiven Dokumente des Falles Ernst Hess entdeckt, der bis dahin unbekannt war. Hess war Hitlers Kompaniechef im Ersten Weltkrieg und wurde eine Zeit lang von den Nationalsozialisten »geschützt«, doch diese »Bevorzugung« endete nach wenigen Monaten, und danach wurde die Familie genauso »behandelt« – und zum Teil ausgerottet – wie ihre Schicksalsgenossen.

Der Name Hess ist nur zufällig fast identisch mit jenem von Hitlers Stellvertreter Rudolf Heß – die beiden waren nicht miteinander verwandt. Der protestantisch getaufte, aber durch seine Herkunft im Sinne der Nürnberger Rassengesetze »nichtarische« Jurist Ernst Hess lebte bis 1933 mit Frau und Tochter als angesehener Richter in Düsseldorf. Nach Hitlers Machtergreifung wurde er nach Wuppertal versetzt und bald darauf wie alle Juden seines Postens enthoben und – im Alter von 43 Jahren – zwangspensioniert.

Laut der Zeitschrift *Jewish Voice from Germany* schrieb Ernst Hess im Herbst 1936 einen Bittbrief an den »Führer«, in dem er diesen an die gemeinsamen Jahre in einem bayerischen Infanterieregiment im Ersten Weltkrieg erinnerte, aber auch daran, dass er »deutschnational gesinnt und christlich erzogen« sei. Am Ende des Briefes, den zu schreiben Hess sicher nicht leichtfiel, fleht er den Reichskanzler an: »Wir gehen seelisch daran zugrunde, heute als Juden gestempelt und der allgemeinen Missachtung preisgegeben zu sein.«

Der Bittbrief, der von der Historikerin Susanne Mauss entdeckt wurde, half nichts, im Gegenteil: Monate später läutete der Nachbar der Familie, ein Pfarrer, an der Tür und erklärte Hess, er möge mit

Als Offizier im Ersten Weltkrieg war Ernst Hess Hitlers Vorgesetzter.

ihm kommen, da in seiner Wohnung ein Anruf für ihn eingelangt sei. Hess, der kein Telefon besaß, ging guten Glaubens mit dem Priester mit, wurde aber, noch ehe er dessen Wohnung betrat, von einem SS-Kommando abgefangen, das ihn auf brutalste Weise mit Füßen trat und mit Metallringen zusammenschlug. Der Pfarrer ging derweil, ohne sich weiter zu äußern, in seine Wohnung.

Ernst Hess kehrte blutüberströmt und schwer verletzt nach Hause zurück, wo ihn seine zehnjährige Tochter, die Zeugin des Überfalls geworden war, weinend in Empfang nahm.

Nach diesem traumatischen Erlebnis gelang es der Familie Hess, nach Bozen zu übersiedeln, wo sie einige Jahre in bescheidenen Verhältnissen, aber in Frieden leben konnte. Doch nach dem 1939 erfolgten Abkommen zwischen Hitler und Mussolini wurde der Familie die Aufenthaltsbewilligung in Südtirol entzogen und deren Rückkehr ins Deutsche Reich angeordnet.

Und dann geschah das scheinbare Wunder. Ernst Hess schrieb im Oktober 1940 ein zweites Mal an Hitler und erhielt als Antwort von Hans Lammers, dem Chef der Reichskanzlei, »dass Sie dem Führer aus dem Weltkrieg als Offizier bekannt sind« und es »dem Wunsche des Führers entspricht, dass Ihnen wegen Ihrer Abstammung keine weiteren, über die gesetzlichen Bestimmungen hinausgehenden Beschränkungen auferlegt werden. Sie sollen nach dem Wunsche des Führers auch sonst entgegenkommend behandelt werden.«

Es waren leere Floskeln. Sechs Monate später wurde Ernst Hess von SS-Männern mitgeteilt, ab sofort »ein Jude wie alle anderen Juden« zu sein. Eine diesbezügliche Bestätigung des SS-Obersturmbannführers Adolf Eichmann liegt vor: »Die dem Juden Ernst Israel Hess seinerzeit eingeräumte Ausnahmebehandlung wurde im Mai 1941 zurückgenommen.«

Eichmann war es auch, der dafür sorgte, dass Hess' Mutter Elisabeth in das Internierungslager Theresienstadt kam (in dem sie die Nazizeit überlebte) und dass man Ernst Hess' Schwester Berta nach Auschwitz deportierte, wo sie ermordet wurde.

Der frühere Amtsgerichtsrat Ernst Hess wurde ab 1941 als Zwangsarbeiter im Barackenbau in München eingesetzt, gefoltert und gedemütigt. Schutz vor der Einlieferung in ein KZ bot ihm der Umstand, dass er mit einer »Arierin« verheiratet war. So überstand er, von der Zwangsarbeit schwer gezeichnet, die Nazizeit und war nach dem Krieg als Jurist bei der Deutschen Bundesbahn tätig. Er starb 1983 im Alter von 93 Jahren.

Schon länger bekannt ist hingegen der Fall des Armenarztes Eduard Bloch, der nach der Jahrhundertwende die Familie Hitler in Linz behandelte. Er stellte im Oktober 1907 bei Hitlers Mutter Klara die Diagnose Brustkrebs, woran sie zwei Monate später im Spital starb. Das führte dazu, dass einzelne Hitler-Biografen die Vermutung anstellten, Bloch hätte Hitlers Judenhass mit ausgelöst, da er

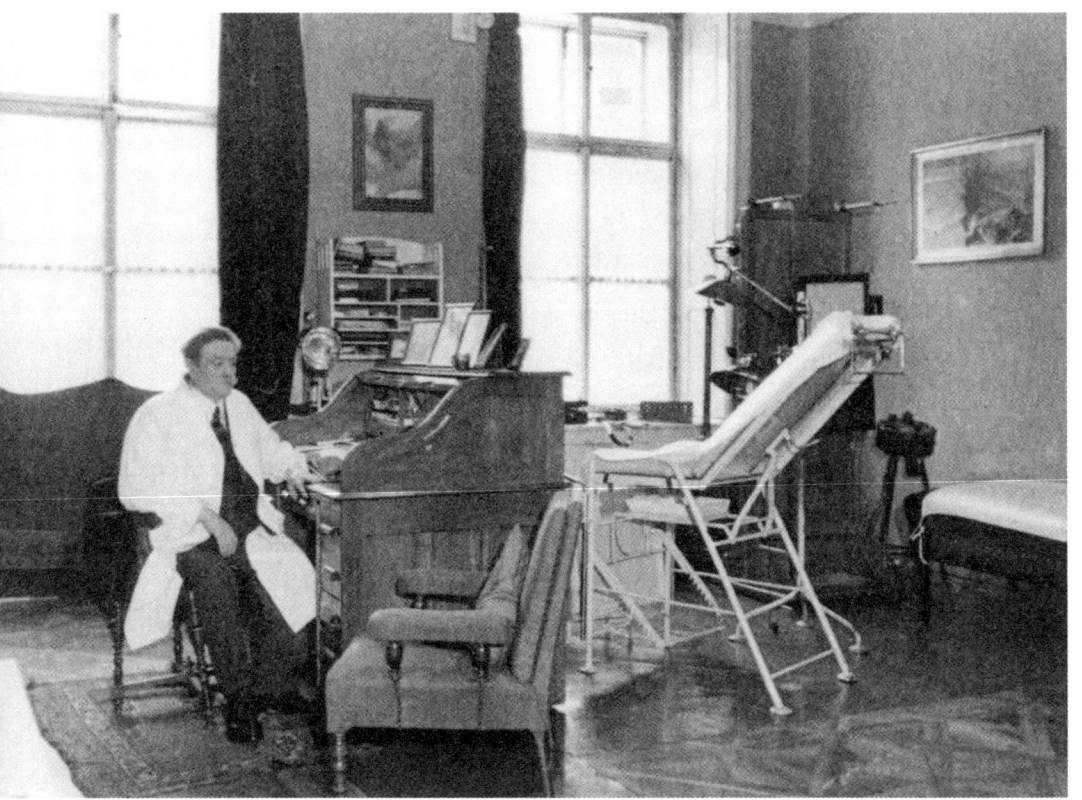

Der Arzt Eduard Bloch – hier in seiner Linzer Ordination – behandelte Hitlers Mutter und konnte nach 1938 in die USA emigrieren.

die geliebte Mutter nicht retten konnte. Dem widerspricht jedoch, dass der Arzt 1938 unter Gestapo-Schutz gestellt und ihm und seiner Frau die Ausreise in die USA ermöglicht wurde.

Sonderbar ist die Geschichte der Prinzessin Stéphanie von Hohenlohe-Waldenburg-Schillingsfürst*. Die durch ihren Namen hocharistokratisch anmutende Schönheit wurde 1891 in Wien ganz bürgerlich als Tochter des Rechtsanwalts Johann Sebastian Richter und seiner Frau Ludmilla geboren. Stéphanies leiblicher Vater war aber der jüdische Kaufmann Max Wiener, was für ihr Leben vorerst keine Rolle spielte. Stéphanie wusste von klein auf, wohin sie wollte, nämlich nach ganz oben. So gelang es ihr bereits mit vierzehn Jahren, in Gmunden eine Schönheitskonkurrenz zu gewinnen, und im Jahr 1914, mit 22 Jahren, war sie schwanger.

Nicht von irgendjemandem, sondern von Kaiser Franz Josephs Schwiegersohn, Erzherzog Franz Salvator, dem Ehemann der Erzherzogin Marie Valerie**. Wie in solchen Fällen üblich, wurde die Angelegenheit zwecks Umgehung eines Skandals diskret behandelt: indem die Geliebte des kaiserlichen Schwiegersohns mit einem Angehörigen der Hocharistokratie verheiratet wurde, und zwar mit Prinz Friedrich Franz zu Hohenlohe-Waldenburg-Schillingsfürst. Das Kind wurde am 5. Dezember 1914 »ehelich« geboren und auf den Namen Franz Josef zu Hohenlohe-Waldenburg-Schillingsfürst getauft.

Die Ehe hielt erwartungsgemäß nicht lange, aber Stéphanie war, wie sie es sich immer schon erträumt hatte, ganz oben angelangt, in

---

* Siehe auch das Kapitel über die Familie Hohenlohe auf den Seiten 48–53
** Siehe das Kapitel über die Tagebücher der Erzherzogin Marie Valerie auf den Seiten 245–271

Hitler war trotz ihrer jüdischen Herkunft von der »liebsten Prinzessin« angetan: Stéphanie von Hohenlohe-Waldenburg-Schillingsfürst

der vordersten Reihe der Aristokratie (auch wenn's diese formell bald nicht mehr geben sollte).

Die nunmehrige Prinzessin hatte eine Reihe hochrangiger Verehrer, ab dem Jahr 1927 war es der britische Pressezar Harold Viscount Rothermere, ein militanter Anhänger Adolf Hitlers. Rothermere nützte die Attraktivität seiner Geliebten, um sie nach Berlin zu schicken und Kontakte zu den neu etablierten Nazigrößen herzustellen. Tatsächlich gelang es ihr im Dezember 1933, Hitler kennenzulernen, der – obwohl er von ihrer jüdischen Herkunft wusste – von ihr angetan war. Er nannte sie fortan »meine liebste Prinzessin«, begrüßte sie mit Handkuss, war mit ihr per Du, setzte sie auf seine persönliche Gästeliste, lud sie in sein Domizil auf den Obersalzberg und ließ sie als Spionin für sich arbeiten. 1938 verlieh er der »Ehrenarierin« das Goldene Ehrenzeichen der NSDAP, was in Hitlers Umgebung für Empörung sorgte. Nicht genug damit stellte ihr der »Führer« für ihre Vermittlungsdienste das Salzburger Schloss Leopoldskron als Residenz zur Verfügung.

1940 erkannte Stéphanie, dass der Antisemitismus im Deutschen Reich auch für sie gefährlich werden könnte. Sie flüchtete in die USA, wo sie wegen ihrer Spionagetätigkeit für Hitler kurzfristig inhaftiert wurde, knüpfte aber gleich nach ihrer Freilassung wieder hochrangige Kontakte, unter anderem mit den Präsidenten Harry S. Truman, John F. Kennedy und Lyndon B. Johnson. Zuletzt lebte sie in Genf, wo sie 1972 im Alter von achtzig Jahren starb.

Erik Jan Hanussen ließ sich als größter Hellseher aller Zeiten feiern, und Millionen Menschen in aller Welt vertrauten seinen Prophezeiungen. Tatsächlich gelang es Hermann Steinschneider, wie der gebürtige Wiener eigentlich hieß, mit allerlei Tricks diverse Ereignisse vorherzusagen. Wie er seine spektakulärste Voraussage, den Brand des Berliner Reichstags im Februar 1933, erahnen konnte, bleibt wohl für alle Zeiten ein Rätsel. Jedenfalls wurde er wenige Wochen nach diesem Coup ermordet.

Hermann Steinschneider war am 2. Juni 1889 in Wien-Ottakring als Sohn eines reisenden Schaustellers zur Welt gekommen und in ärmlichen Verhältnissen aufgewachsen. Im Ersten Weltkrieg Zugführer der k. u. k. Armee, erkannte er seine angeblich magischen Fähigkeiten und sagte einem Vorgesetzten voraus, dass er Vaterfreuden entgegensehe. Und wirklich langte am nächsten Tag eine Depesche ein, dass die Frau des Offiziers schwanger sei.

Die Sensation war perfekt – bis sich herausstellte, dass Zugführer Steinschneider zuvor die Post abgefangen und durchgesehen hatte.

Das änderte nichts daran, dass er alles versuchte, um hauptberuflich Hellseher zu werden. Bald begann er seine Vorhersagen in Zeitungen zu publizieren, die sich zwar oft als falsch erwiesen, doch die Schlagzeilen verdrängten – wenn er einmal einen Treffer landete – die Misserfolge. Steinschneider trat in den großen Varietés und Zirkussen Europas auf, wurde bis nach New York engagiert, wo er sich als »dänischer Hypnotiseur Erik Jan Hanussen« ausgab und es verstand, Menschenmassen in seinen Bann zu ziehen.

Wirklich reich wurde er, als er begann, sein Geschick für persönliche Vorhersagen einzusetzen, wobei auch Staatsmänner, Bankiers und Künstler zu seiner betuchten Klientel zählten.

Seine Privatkunden sollten ihm allerdings im Februar 1928 beinahe zum Verhängnis werden, als er in der böhmischen Stadt Leitmeritz »wegen hundertfachen Betrugsverdachts« festgenommen wurde. Doch in dem nun folgenden Prozess wurde er mangels Beweisen freigesprochen. Der Freispruch war ein weiterer Markstein seiner weltweiten Karriere, deren Höhepunkt freilich noch vor ihm lag.

Mit dem Geld, das er verdient hatte, gründete der Hellseher die astrologische Zeitschrift *Hanussens Bunte Wochenschau*, in der er mittels gezielter Prophezeiungen Hitlers Aufstieg unterstützte. Der spätere »Führer« vertraute sich dem Hellseher 1932 auch persönlich an und ließ sich seinen Wahlsieg vorhersagen. Die Nähe zu den Nationalsozialisten erstaunt umso mehr, als Hermann »Herschel« Steinschneider Jude war.

Der Wiener Hermann Steinschneider, der sich Hanussen nannte, zog viele Menschen mit seinem stechenden Blick in seinen Bann.

Dennoch feierte er nach Hitlers »Machtergreifung« in Berlin seine »seherische« Glanzleistung, als er am Abend des 26. Februar 1933 den Brand des Reichstags ankündigte. Tatsächlich ging das mächtige Parlamentsgebäude 24 Stunden später in einem Flammenmeer unter.

Es konnte nie geklärt werden, wie Hanussen diese Prophezeiung gelang. Fest steht aber, dass er Kontakte zu maßgeblichen SA-Kreisen hatte, die ihm möglicherweise den Plan, das Reichstagsgebäude niederzubrennen, verraten haben könnten.

Doch sein größter Coup sollte auch sein letzter sein. Am 24. März 1933, knapp vier Wochen nach dem Brand des Reichstags, wurde Erik Jan Hanussen unmittelbar vor einer Vorstellung in der Berliner Scala von SA-Männern in ein Waldstück im Süden der Stadt verschleppt und durch einen Schuss in den Hinterkopf ermordet. Warum, ist bis heute nicht klar, es gibt aber kaum Zweifel, dass es mit seiner jüdischen Herkunft zu tun hatte.

Ich habe vor etlichen Jahren Hanussens in der Schweiz lebende Tochter Erika Fuchs geb. Steinschneider während eines Wien-Besuchs getroffen und über ihren Vater befragt. Sie war nach wie vor von seinem »Genie« überzeugt, das sie mit telepathischen Fähigkeiten erklärte. »Er hat sogar«, sagte sie, »seinen gewaltsamen Tod vorhergesehen und wollte mit meiner Mutter und mir in die USA flüchten, doch meine Mutter lehnte das ab.«

»Wie konnte sich Ihr Vater«, fragte ich, »trotz seiner jüdischen Herkunft in den Dienst Hitlers stellen?«

Die Tochter war um keine Antwort verlegen: »Er wollte seinen Einfluss auf Hitler dafür verwenden, um Juden zu retten«, meinte sie. »Das hat er mit seinem Leben bezahlt.« Eine Sichtweise, die von der Geschichtsschreibung freilich nicht geteilt wird.

Nachdem die Nazis Hanussens Ermordung nicht weiter verfolgten, wurde 1965 von der Staatsanwaltschaft Berlin ein Ermittlungsverfahren eingeleitet. Zwar konnten die Namen der Tatverdächtigen des Erschießungskommandos eruiert werden, doch da keiner von ihnen mehr am Leben war, wurde das Verfahren nach drei Jahren wieder eingestellt.

Österreich
und der Rest der Welt

Napoleons Wiener Abenteuer

Die Eroberungen des Korsen

Napoleon sitzt in einem prunkvollen Schloss und lässt sich feiern. Es ist sein vierzigster Geburtstag. Fahnen werden gehisst, Kanonenschüsse abgefeuert, Regimenter marschieren auf, Kirchenglocken läuten, die Stadt ist für den Verkehr gesperrt. Und viele jubeln: »Vive l'Empereur!« Die Szene hat nur einen kleinen Schönheitsfehler: Die Feiern finden nicht in Versailles statt, sondern in Schönbrunn. Napoleon hat Wien bereits zum zweiten Mal erobert. Er bleibt von Mai bis November 1809 und lässt sich's gut gehen. Sehr gut sogar. Wenn der mächtigste Mann seiner Zeit eine Stadt erobert – dann erobert er auch Frauenherzen. In Wien sind's in diesem Jahr gleich zwei.

Der Korse zeigt sich von seiner milden Seite, als er mit seinen Truppen einmarschiert, die auf keinen nennenswerten Widerstand durch die k. k. Armee stoßen. »Schont mir das gute Volk Wiens«, befiehlt Napoleon, ohne mit dem österreichischen Kaiser Franz I. verhandeln zu können, weil der die Stadt verlassen hat.

Napoleon ist erst ein paar Wochen in Wien, da erwacht seine Sehnsucht nach Zärtlichkeit. Er schreibt seiner schönen Freundin Maria Walewska, mit der er zwei Jahre zuvor in Warschau eine leidenschaftliche Affäre hatte. Die zwanzigjährige Gräfin ist entzückt,

Gespielin Nummer eins: Gräfin Maria Walewska erwartete in Wien ein Kind von Napoleon.

verlässt ihren fast fünfzig Jahre älteren Ehemann, reist nach Wien und wirft sich dem Kaiser der Franzosen in die Arme. Im September desselben Jahres meldet sie diesem, dass sie ein Kind von ihm erwarte. Napoleon ist hocherfreut, hat ihm seine Gemahlin Joséphine – die in der Zeit seines Wien-Abenteuers brav in Versailles wartet – doch erklärt, dass er »schuld« an der Kinderlosigkeit ihrer Ehe sei. Nun weiß er, dass die Zweifel an seiner Manneskraft falsch sind.

Doch während die Walewska Napoleons Kammerdiener die Worte »Nun gehöre ich ihm wirklich ganz« anvertraut, lacht sich der Kaiser eine zweite Schönheit an, die er parallel zu der polnischen Gräfin beglückt: Bei einem Empfang in Schönbrunn lernt er Victoria Kraus, die Adoptivtochter eines hohen Wiener Beamten, kennen. Wir wissen, wie sie aussah, weil sie dem Maler Johann Baptist Lampi d. J. für das Gemälde *Venus auf einem Ruhebett schlafend* Modell lag.

Und was tut Gott? Auch Victoria wird schwanger. Wie die Walewska wird auch sie nach Frankreich geschickt, um dort von einem Knaben entbunden zu werden; er wird auf den Namen Eugen getauft.

Allerdings denkt Napoleon nicht daran, einer der Damen sein Herz zu schenken. Beide werden verstoßen, und auch die Ehe mit Joséphine ist zu Ende. Was zählt, ist der Fortbestand der Dynastie. Ein Thronfolger muss her, doch den kann ihm nur »eine Frau aus königlichem Geblüt« schenken.

So wohl sich Napoleon an der Donau fühlt, die Wiener sind von seiner Anwesenheit weniger angetan. Vor allem, weil hier achtzigtausend französische Besatzungssoldaten verpflegt werden müssen, wodurch die Bevölkerung eine empfindliche Lebensmittelknappheit erleidet. Die Wiener hassen den Korsen, aber er fasziniert sie auch, schreibt Johannes Sachslehner in dem Buch *Napoleon in Wien*: »Der Mythos des großen Mannes ist stärker als die Furcht vor ihm – die Wiener wollen ihn sehen, den genialen Strategen, der den Thron ihres guten Kaisers zum Wanken gebracht hat.«

Selbst Franz Grillparzer lässt es sich nicht nehmen, »Napoleon zu schauen«: Er sieht ihn »die Treppe des Schönbrunner Schlosses mehr herablaufen als gehen und mit auf dem Rücken gefalteten Händen eisern dastehen. Er bezauberte mich wie die Schlange den Vogel.«

Am 12. Oktober 1809 nimmt der Hass auf Napoleon bedrohliche Ausmaße an: Der Student Friedrich Staps stürzt sich während der

Gespielin Nummer zwei: Victoria Kraus in dem Gemälde als ruhende Venus

Parade in Schönbrunn mit einem Messer auf den Kaiser der Franzosen und versucht ihn zu ermorden. Der Attentäter wird von seinen Bewachern überwältigt und vier Tage später hingerichtet. Doch der Zwischenfall gibt Napoleon zu denken und trägt dazu bei, den Österreichisch-Französischen Krieg zu beenden.

Wie anders war der Empfang, als Napoleon am 13. November 1805 Wien zum ersten Mal einnahm. Schaulustige waren nach Mariahilf geeilt, um den feschen Soldaten zuzujubeln, die durch Wiens Straßen zogen. Napoleons Armee hatte auch damals den Hof des Kaisers besetzt. Und die Wiener freuten sich über den Einzug des verfeindeten Korsen, der auf viele Sympathisanten zählen konnte, die in ihm einen Vertreter der Revolution und der Idee der Freiheit sahen.

Ein früherer »Fan« des Korsen zog sich allerdings bereits 1805 in seine Wohnung auf der Mölkerbastei zurück: Ludwig van Beethoven hat dem einst verehrten Ersten Konsul nie verziehen, dass er sich im Jahr davor zum Kaiser der Franzosen hatte krönen lassen, und ihm daher die bereits erteilte Widmung seiner *Eroica* entzogen.

Von dieser ersten Besetzung Wiens sind überraschenderweise keine Napoleon-Liebschaften überliefert. Ehe er damals nach sechs Wochen wieder abzog, betonte er seine Wertschätzung gegenüber der Bevölkerung, zwang Kaiser Franz danach jedoch, auf die deutsche Kaiserkrone zu verzichten. Das bedeutete das Ende des Heiligen Römischen Reichs Deutscher Nation.

Vier Jahre später schenkt Kaiser Franz I. dem Erzfeind seine Tochter. Tatsächlich lässt der Habsburger den alten Familienspruch »Du, glückliches Österreich, heirate!« wieder aufleben und stimmt der Hochzeit der Erzherzogin Marie Louise mit dem Korsen zu. Diese hat sich lange gegen den »Emporkömmling Bonaparte«

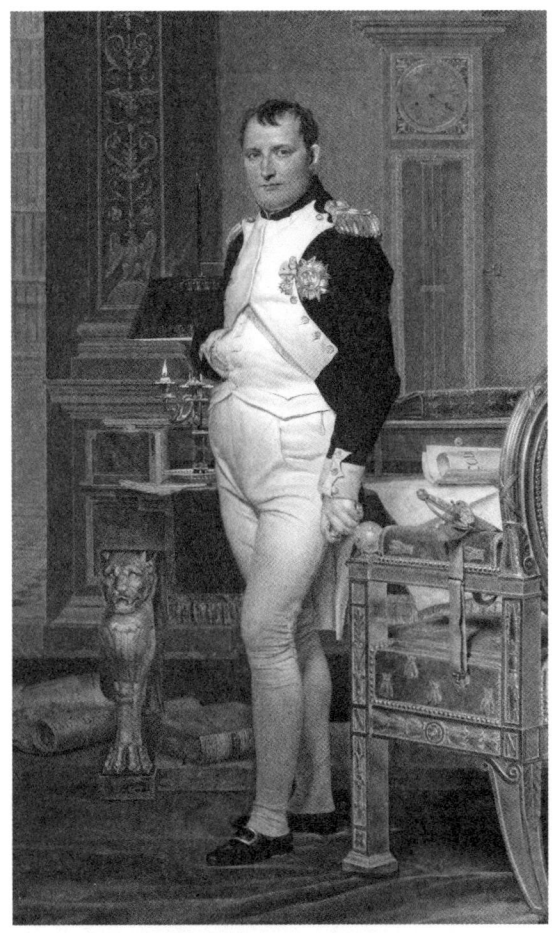

*Napoleon Bonaparte hat
Wien zwei Mal – in den
Jahren 1805 und 1809 –
eingenommen.*

gewehrt, muss dann aber auf Drängen des Staatskanzlers Metternich nachgeben.

Nach der Heirat am 11. März 1810 (bei der Napoleon nicht anwesend ist) geschieht, womit niemand gerechnet hat: Die Eheleute verlieben sich ineinander und verbringen bis zu Napoleons Sturz noch vier glückliche Jahre.

Ehe er Marie Louise nach Paris holen konnte, musste Napoleon noch seine Mätresse Victoria Kraus mit einer hohen Summe abfinden und zurück nach Wien schicken. Mit den österreichischen Sitten hatte sich Frankreichs Kaiser offenbar schnell vertraut gemacht, zumal er vor seiner Abreise aus Wien Victorias Adoptivvater noch flugs zum Hofrat ernannte.

Napoleons Sohn mit Victoria wird vom Wiener Ehepaar Megerle adoptiert; dieser wird als Dr. Eugen Megerle (1810–1868) Rechtsanwalt und Abgeordneter im Reichsrat. Er verblüfft Gesprächspartner durch seine Ähnlichkeit mit Napoleon.

Dessen Sohn mit der Gräfin Walewska bringt es zum französischen Außenminister.

Der Rechtsanwalt und Reichsratsabgeordnete Eugen Megerle war Napoleons Sohn mit der Wienerin Victoria Kraus.

Auch Marie Louise schenkt Bonaparte einen Sohn: Napoleon II. wächst als Herzog von Reichstadt in Wien auf, wo er mit nur 21 Jahren an Tuberkulose stirbt.

Ganz schön aufregend, was sich aus dem sechsmonatigen Wien-Aufenthalt des Korsen alles ergeben hat.

Die Rettung der Lipizzaner
General Patton und das Überleben der Hofreitschule

In einem vorhergehenden Kapitel war kurz von General George S. Patton* die Rede, doch ist er es wert, ihm ein eigenes zu widmen. Der Mann war einer der ranghöchsten Offiziere im Zweiten Weltkrieg, er kommandierte nach der Landung in der Normandie die dritte US-Panzerarmee, befreite das KZ Buchenwald und war nach Kriegsende Militärgouverneur von Bayern. Geschichte geschrieben hat er aber auch als Retter der Lipizzaner und damit der Spanischen Hofreitschule.

Die edlen Pferde mussten auf Befehl der deutschen »Gauverwaltung« bis knapp vor Kriegsende in ihren Stallungen in der Wiener Innenstadt bleiben, obwohl ihr Überleben dort durch alliierte Bombenangriffe in höchstem Maße gefährdet war. Im Februar 1945 gelang es dem Reitschulchef Alois Podhajsky endlich, die Genehmigung zu erhalten, die siebzig Schulhengste samt Bereitern in

---

* Siehe das Kapitel über Jackie Kennedys österreichischen Freund Franz Bueb auf den Seiten 170–179

Waggons in das oberösterreichische Schloss St. Martin bei Ried im Innkreis zu bringen, das über die nötigen Stallungen verfügte. Graf Ferdinand Arco, der Besitzer des barocken Schlosses, saß zu diesem Zeitpunkt in einem Konzentrationslager, seine Frau war mit der Unterbringung der Pferde einverstanden.

An diesem abgelegenen Ort konnten die Lipizzaner die letzten Kriegstage in Sicherheit verbringen, ehe das Schloss von den Amerikanern besetzt wurde.

Der zu diesem Zeitpunkt in Bayern stationierte General Patton war routinierter Dressurreiter und hatte an den Olympischen Spielen 1912 in Stockholm teilgenommen. Als Pferdenarr kannte er Bedeutung und Geschichte der Hofreitschule, und so ließ er sich nach St. Martin bringen, um einer kleinen privaten Vorführung der weißen Hengste beizuwohnen.

Gezeigt wurden ein Pas de deux, Piaffen, Pirouetten, Kapriolen und eine Quadrille. Niemand wusste an diesem 7. Mai 1945, was in den Wirren der Nachkriegszeit mit den Lipizzanern geschehen sollte und ob die damals 365 Jahre alte Hofreitschule überhaupt weiterhin existieren würde. Denn es herrschte ein eklatanter Mangel an Tierpflegern und an Futter. Oberst Podhajsky ging daher nach der Vorführung auf Patton zu und bat um Hilfe für seine Lipizzaner.

Der von der Vorführung beeindruckte General sagte zu, dass er die Pferde unter den Schutz der US-Armee stellen und damit das Bestehen der Hofreitschule sichern würde, um sie später dem neu entstandenen Österreich zurückzugeben. Als General Patton sich danach noch die Stallungen im Schloss zeigen ließ, trug Podhajsky als weitere Bitte vor, das steirische Gestüt Piber wiederherzustellen, da die Lipizzaner ohne den nötigen Nachwuchs bald aussterben würden.

Der amerikanische Viersternegeneral George S. Patton rettete die Pferde der Spanischen Hofreitschule.

Der Pferdebestand von Piber, aber auch aus dem einstigen Hauptgestüt im jugoslawischen Lipica war bereits 1942 auf Befehl der Wehrmacht in das ehemals tschechoslowakische Staatsgestüt nach Hostau im Böhmerwald gebracht worden.

Jetzt galt es, mehrere Hundert Pferde, die auch aus anderen Gestüten stammten, aus Hostau zu retten. Denn man fürchtete, dass die herannahenden Sowjettruppen dem Gestüt ein Ende bereiten würden. Eine weitere Gefahr für die Tiere stellte die dort hungernde Landbevölkerung dar.

General Patton gab daraufhin Befehl, auch das Lipizzanergestüt von Hostau sicherzustellen. Die Pferde kamen dann, noch ehe die Russen einmarschierten, unter der Führung von Colonel Charles Reed nach Wimsbach bei Wels und wurden 1952 in Etappen wieder nach Piber überstellt.

Unter dem Titel *Miracle of the White Stallions (Flucht der Weißen Hengste)* wurde die Rettung der Lipizzaner 1962 von den Walt-Disney-Studios verfilmt, mit Robert Taylor als Oberst Podhajsky, John Larch als General Patton, weiters mit Lilli Palmer, Curd Jürgens und Fritz Wepper.

So hilfreich George Smith Patton als Retter der Hofreitschule war, so widersprüchlich und wenig heldenhaft verhielt er sich in seinem »anderen« Leben. Er war bereits während des Krieges nach einem »Ohrfeigenskandal« vorübergehend degradiert worden, weil er Soldaten, die in einem Lazarett lagen, mit seiner Waffe schlug und bedrohte. Nach Kriegsende tat sich Patton – als Befreier eines Konzentrationslagers (!) – durch antisemitische Bemerkungen hervor und bezeichnete im September 1945 die ehemalige NSDAP als »normale« Partei, vergleichbar mit den Demokraten und Republikanern in den USA. Daraufhin wurde er vom Oberbefehlshaber der amerikanischen Besatzungstruppen in Deutschland (und späteren US-Präsidenten) Dwight D. Eisenhower von seinem Kommando über die dritte US-Armee abgelöst und in die weit weniger bedeutende fünfzehnte Armee versetzt.

Verärgert über seine Degradierung, wollte Patton – damals gerade sechzig Jahre alt – seinen Ruhestand antreten. Doch am 9. Dezember 1945, einen Tag vor der geplanten Rückkehr in die Vereinigten Staaten, stieß sein von seinem Fahrer gelenkter Wagen auf einem Bahnübergang in Mannheim frontal gegen einen Lkw, wobei

General Patton schwerste Verletzungen erlitt, denen er am 21. Dezember im Militärhospital Heidelberg erlag.

Er hat die Rettung der Lipizzaner nur um wenige Monate überlebt.

Kennedys österreichischer Arzt

Der Orthopäde Hans Kraus

Er war der einzige Arzt«, schreibt Jacqueline Kennedy in ihren Lebenserinnerungen, »der meinem Mann helfen konnte, gegen seine schrecklichen Rückenschmerzen anzukämpfen.« John F. Kennedy stand durch die Behandlung des Mediziners Hans Kraus kurz vor der Genesung, als er den Schüssen von Dallas zum Opfer fiel.

Hans Kraus wurde am 28. November 1905 in der damals zu Österreich-Ungarn gehörenden Hafenstadt Triest geboren. Er wuchs in Wien auf, wo er Medizin studierte, zum Facharzt für Orthopädie ausgebildet wurde und seine Patienten bald im Widerspruch zu den damals traditionellen Methoden behandelte. Sein Credo war die »sofortige Mobilisierung«, anstatt die Kranken tage- oder wochenlang ruhig zu stellen, und er hat diese Methode während seiner gesamten medizinischen Karriere weiterentwickelt. 1938 flüchtete Hans Kraus in die USA, wo er Professor für orthopädische Chirurgie an der State University of New York wurde.

Kraus war bereits ein bekannter Arzt, noch bevor John F. Kennedy ihn zu sich rief, hatte er doch Mitte der 1950er-Jahre im *New State*

Journal of Medicine Forschungsergebnisse veröffentlicht, die den Nachweis erbrachten, dass die körperliche Leistungsfähigkeit europäischer Kinder acht Mal höher sei als die der Kinder in den Vereinigten Staaten.

Der Millionär John B. Kelly – der Vater von Grace Kelly – schickte den Artikel an Kennedys Vorgänger, Präsident Dwight D. Eisenhower, der Kraus daraufhin ins Weiße Haus lud. Der Arzt erklärte, dass der Gesundheitszustand der amerikanischen Kinder vor allem deshalb so schlecht sei, weil sie neunzig Prozent ihrer Zeit sitzend oder liegend vor Fernsehgeräten verbrächten, während in Europa mehr Wert auf Sport, Bewegung und somit Muskeltraining gelegt würde. Eisenhower erkannte die Brisanz des Themas, weil auch er als General im Zweiten Weltkrieg damit konfrontiert gewesen war, dass fünfzig Prozent der jungen Männer, meist durch körperliche Schwächen, für den Militärdienst ungeeignet waren.

Kraus entwickelte daraufhin im Auftrag der US-Regierung ein Sport- und Trainingsprogramm, insbesondere für den Rückenbereich. So wurde er zum »Vater der modernen Sportmedizin«, aber auch ein Pionier des Kletterns und des Skifahrens, als den man ihn in die *US National Ski Hall of Fame* aufnahm. Dennoch blieben Kraus' Forderungen nach mehr und richtiger Bewegung in der Praxis lange ungehört, man verglich sie sogar mit den Turn- und Sportprogrammen der Hitlerjugend.

Im Jahr 1961 drangen seine Heilerfolge zu John F. Kennedy durch. Der schon seit Jugendtagen unter unerträglichen Rückenschmerzen leidende Präsident war im Krieg verwundet worden, wodurch seine Schmerzen an Bandscheiben und Wirbelsäule – trotz mehrerer Operationen – noch schlimmer wurden.

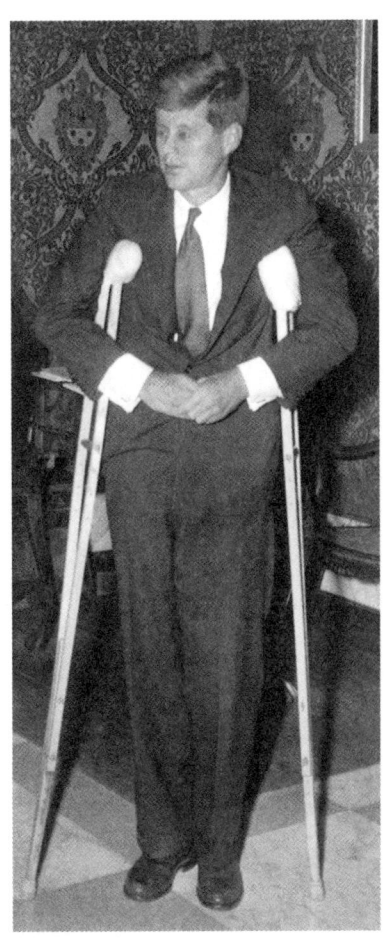

Zeitweise ging es John F. Kennedy körperlich so schlecht, dass er sich auf Krücken stützen musste.

Da sich sein Zustand, seit er Präsident war »und nur noch am Schreibtisch saß« (Jacqueline Kennedy), weiter verschlechterte, wurde Hans Kraus, ohne die Öffentlichkeit davon in Kenntnis zu setzen, konsultiert. Der Arzt war, wie Jackie Kennedy in ihren Memoiren schreibt, entsetzt, dass Janet Travell, die Hausärztin ihres Mannes, den Präsidenten mit hohen Dosen des krampflösenden Mittels Novocain behandelte, das schmerzstillende, aber keine heilende Wirkung hat. Hans Kraus sagte zu Kennedy, dass er bald

CLASS OF SERVICE	**WESTERN UNION**		SYMBOLS
This is a fast message unless its deferred character is indicated by the proper symbol.	**TELEGRAM** (18).		DL=Day Letter NL=Night Letter LT=International Letter Telegram
	W. P. MARSHALL, PRESIDENT		

The filing time shown in the date line on domestic telegrams is LOCAL TIME at point of origin. Time of receipt is LOCAL TIME at point of destination

SYA020 SY ABA068   31 611P EDT=

(NP295 YHA031) GOVT PD=SUMMER WHITE HOUSE HYANNIS MASS

DR HANS KRAUS=

~~PHONE 256-9111) NEW PALTZ NY~~   1963 SEP 1 AM 10 22

I HAVE JUST LEARNED THAT YOU CUT YOUR VACATION TO
COME UP HERE. I AM EXTREMELY SORRY THAT THIS WAS
PERMITTED ALTHOUGH I AM GRATEFULL TO YOU FOR YOUR
KINDNESS IN COMING=

         JOHN F KENNEDY=

THE COMPANY WILL APPRECIATE SUGGESTIONS FROM ITS PATRONS CONCERNING ITS SERVICE

*Auch dieses Telegramm fand sich im Nachlass des Arztes. Kennedy telegrafiert
am 1. September 1963 aus dem Summer White House in Hyannis an Hans Kraus:
»Habe soeben erfahren, dass Sie Ihren Urlaub abgebrochen haben, um hierherzu-
kommen. Es tut mir sehr leid, dass dies zugelassen wurde, obwohl ich Ihnen für
die Freundlichkeit Ihres Kommens dankbar bin. John F. Kennedy«*

im Rollstuhl sitzen werde, sollte er nicht mit einem strengen Mus-
kelaufbauprogramm beginnen.

Der Präsident war in seiner Verzweiflung bereit dazu, sofort mit
den von Kraus empfohlenen Übungen zu beginnen, so Jacqueline
Kennedy: »… ab Oktober, als er mit den Übungen anfing, wurde es
nach kurzer Zeit besser … Nach ein paar Monaten konnte er plötzlich seine Zehen berühren, er konnte all das machen, was er früher
nie gekonnt hat – Kniebeugen zum Beispiel. Als Dr. Kraus zu ihm
kam, hat das Jack wirklich Mut gemacht, denn er war in der Zeit, als

es ihm so schlecht ging, sehr niedergeschlagen. Nun schöpfte Jack wieder Hoffnung.«

John F. Kennedy berichtete im Lauf des Jahres 1963 mehreren Freunden, dass er sich noch nie so gut gefühlt habe wie seit Beginn der Kraus'schen Übungen. Er erwog, in absehbarer Zeit wieder mit dem Golfspielen anzufangen.

Hans Kraus war sogar – wie das Telegramm auf der gegenüberliegenden Seite zeigt – bereit dazu, für den gesundheitlichen Fortschritt des Präsidenten seinen Urlaub zu opfern.

Das alles ereignete sich Wochen und Monate vor den Schüssen von Dallas.

Kennedy fühlte sich in den letzten Wochen seines Lebens besser als je zuvor: Der Arzt und begeisterte Bergkletterer Hans Kraus hatte ihm dabei geholfen.

Hans Kraus – zu dessen Patientinnen auch Hollywoodstar Katharine Hepburn zählte – starb am 6. März 1996 im Alter von neunzig Jahren in New York. Zehn Jahre später überließ seine Witwe der John F. Kennedy Presidential Library die bis dahin unter Verschluss gehaltenen Patientenakten ihres Mannes aus dem Weißen Haus. Seither stehen die Aufzeichnungen Medizinforschern und Historikern zur Aufarbeitung zur Vorfügung. Aus ihnen geht hervor, dass Kennedy am 22. November 1963, zum Zeitpunkt seines Todes, unmittelbar vor der Heilung des Rückenleidens stand. Er sollte im Jänner 1964 von dem Korsett befreit werden, das er seit seiner Studentenzeit tragen musste.

Wäre es ihm etwas früher abgenommen worden, hätte der Präsident das Attentat vermutlich überlebt. Denn auf Kennedy wurden in Dallas drei Schüsse abgegeben: Der erste schlug fehl, der zweite traf ihn am Hals, war aber nicht tödlich. Ohne Korsett wäre der Präsident durch die zweite Kugel zusammengesackt, womit ihn die dritte nicht am Kopf getroffen hätte. Die führenden Kennedy-Biografen James Reston und Robert Dallek sind der Meinung, dass JFK nur deshalb getötet wurde, weil ihn das Korsett aufrecht hielt.

Hans Kraus wird wohl oft daran gedacht haben, wie der 22. November 1963 verlaufen wäre, hätte er Kennedy das Korsett früher abgenommen.

Donald Trumps Wiener Architekt
Der Mann, der ein Traumschloss baute

Noch lieber residierte er nur im Weißen Haus. Seit Donald Trump nicht mehr Präsident der Vereinigten Staaten ist, muss er sich mit drei privaten Residenzen begnügen: mit dem Trump Tower auf der New Yorker 5th Avenue, einem Golfclub in

118 Zimmer auf zehntausend Quadratmetern: die Luxusresidenz Mar-a-Lago, heute im Besitz von Donald Trump

New Jersey und dem herrschaftlichen Anwesen Mar-a-Lago in Palm Beach. Letzteres hat er 2019 – noch als Präsident – zu seinem Hauptwohnsitz erklärt, alle drei Anwesen befinden sich in seinem persönlichen Besitz. Der pompöse Mar-a-Lago-Palast samt riesigem Park ist an Luxus nicht zu überbieten und wurde vor fast hundert Jahren vom Wiener Architekten Joseph Urban gebaut.

Die im spanischen Stil gehaltene Residenz ist ein schlossartiger Gebäudekomplex der Sonderklasse. Inmitten von Palmen, direkt am Atlantischen Ozean gelegen, beträgt die Nutzfläche der exklusiven Unterkunft zehntausend Quadratmeter, die auf 118 Zimmer aufgeteilt sind. Das Grundstück, auf dem der Prachtbau mit seinen

Nebengebäuden steht, ist 35 000 Quadratmeter groß. Die Wohn- und Repräsentationsräume sind großteils aus Gold und Marmor gefertigt und mit wertvollen Möbeln und Kunstgegenständen ausgestaltet.

Mar-a-Lago wurde in den Jahren 1924 bis 1927 von Joseph Urban geplant und verwirklicht. Auftraggeberin für den damaligen Sommersitz in Florida war die Amerikanerin Marjorie Merriweather Post, Eigentümerin des Lebensmittelkonzerns *General Foods* und in dieser Zeit eine der reichsten Frauen der Welt. Sie vererbte das Anwesen 1973 dem amerikanischen Staat – mit dem Zweck, das Schloss als Winterresidenz (*Winter White House)* für den US-Präsidenten zu verwenden.

Doch der Kongress entschied, dass die Betriebskosten zu hoch wären, weshalb Mar-a-Lago jahrelang leer stand. 1985 wurde es dann vom damaligen Immobilienspekulanten Donald Trump samt Inneneinrichtung erworben – mit einem Trick, der ganz nach Trump riecht: Er ließ die vor dem Palast liegenden Strandgrundstücke durch Strohmänner kaufen und drückte den Preis für das historische Anwesen auf vergleichsweise lächerliche zehn Millionen Dollar, indem er drohte, Mar-a-Lagos Meerblick zu verbauen.

Der am 26. Mai 1872 in Wien geborene renommierte Architekt Joseph Urban hatte in Österreich mehrere Wohn- und Bürohäuser sowie Villen oder den Wiener Rathauskeller errichtet. Im Jahr 1908 war er für die Planung der kaiserlichen Tribüne beim Huldigungsfestzug anlässlich des sechzigjährigen Regierungsjubiläums Kaiser Franz Josephs verantwortlich. Trotz seines erfolgreichen Schaffens in der Heimat wanderte er 1911 in die USA aus, wo er – auch als Kostüm- und Bühnenbildner tätig – vorerst für die Theaterrevue

*Er wanderte 1911
in die USA aus,
war Kostüm- und
Bühnenbildner,
machte sich aber
vor allem als
Architekt einen
Namen: der Wiener
Joseph Urban.*

Ziegfeld Follies und dann an der Metropolitan Oper in New York arbeitete und zum Mitbegründer des *American Art Deco* wurde.

Joseph Urban war mit seiner Wiener Frau Maria und den zwei gemeinsamen Töchtern in die USA übersiedelt, ließ sich dort jedoch scheiden, um die amerikanische Tänzerin Mary Beegle (1881–1966) zu heiraten.

Als Urban in den 1920er-Jahren den Auftrag erhielt, Mar-a-Lago zu planen, standen ihm fast grenzenlose Geldmittel zur Verfügung. Er holte sich für den Kolossalbau einen Freund aus einstigen Wiener Tagen mit an Bord, nämlich den Bildhauer Franz Barwig, der für die

Gebäude und das Mar-a-Lago-Grundstück zahlreiche große Plastiken herstellte.

Franz Barwig nahm sich 1931 in Wien das Leben, Joseph Urban starb am 10. Juli 1933 in den USA.

Joseph Urbans Witwe Mary Beegle war, als die *Andrea Doria* im Juli 1956 von Genua nach New York fuhr, eine der Passagierinnen, die den Untergang des Luxusdampfers überlebten. Doch ein Großteil der Planungsunterlagen ihres Mannes, die sie mit sich führte, ging bei der Kollision des Schiffes mit der schwedischen *Stockholm* verloren, es ist nicht bekannt, ob die Pläne des Mar-a-Lago-Anwesens dabei waren. Die Witwe klagte die Schiffslinie *Italia* auf 350 000 Dollar für den unwiederbringlichen Verlust.

Donald Trump renovierte das Gebäude aufwendig und erweiterte es um einen Ballsaal von gigantischen Ausmaßen. Einen Teil des Anwesens machte er 1995 zu seinem privaten Wochenendwohnsitz, einen anderen ließ er zu einem Luxus-Hotelressort für Amerikas Geldadel ausbauen: Die Aufnahmegebühr in den Mar-a-Lago-Privatclub beträgt 200 000 Dollar, wer Mitglied des exklusiven Golfclubs werden möchte, muss eine Million zahlen. Der für Mitglieder zugängliche Trakt ist natürlich von Trumps Privatgrund, auf dem er mit seiner Familie residiert, hermetisch abgeriegelt.

Mar-a-Lago wurde 1980 vom US-Innenministerium zum *National Historic Landmark* bestimmt und steht damit praktisch unter Denkmalschutz. Trump hat, als er 2017 amerikanischer Präsident wurde, mehrere Staatsbesuche in Mar-a-Lago empfangen, darunter den (später ermordeten) japanischen Premierminister Shinzō Abe, den chinesischen Staatspräsidenten Xi Jinping und Brasiliens damaligen Präsidenten Jair Bolsonaro.

Solange er Präsident war, reiste Donald Trump stets mit der *Air Force One* samt Großfamilie, Regierungsmitgliedern, Sekretären, Dienerschaft und zahlreichen Securityleuten nach Mar-a-Lago. Die Sicherheitsvorkehrungen waren enorm, weshalb dem damaligen US-Präsidenten vorgeworfen wurde, dass seine Visiten auf Mar-a-Lago dem Steuerzahler immense Kosten verursachten. Medienberichten zufolge verschlang jede einzelne Visite des Präsidenten auf seinem privaten Refugium rund drei Millionen Dollar.

Er erfand die Intensivstation
Der Wiener Arzt Peter Safar

Das Leben Hunderttausender Menschen in aller Welt hängt davon ab, ob es genügend Intensivstationen gibt. Die erste Station dieser Art wurde 1958 in den USA errichtet. Von einem Arzt aus Österreich.

Peter Safar ist in einem medizinischen Wiener Umfeld aufgewachsen, sein Vater war Augenarzt, die Mutter Kinderärztin. Er selbst wurde am 12. April 1924 in Wien geboren und wollte eigentlich Chirurg werden. Bis er 1947 als Medizinstudent einen Vortrag von Otto Mayrhofer, dem Begründer der modernen Anästhesie in Wien, besuchte. Die Thematik faszinierte Safar dermaßen, dass er beschloss, Anästhesist zu werden. Nachdem er sein Studium an der Universität Wien abgeschlossen hatte, erhielt er ein Stipendium, das es ihm ermöglichte, in den USA die Facharztausbildung zum Anästhesisten zu absolvieren. Er blieb in Amerika, arbeitete an mehreren Klinken, ehe er 1958 im City Hospital in Baltimore die weltweit erste zentrale Intensivstation gründete.

»Peter Safar«, erklärte mir sein Lehrer Otto Mayrhofer, »war ein bedeutender Arzt, ganz im Sinne der Wiener Medizinischen Schule. Sein Wirken in Amerika hat in die ganze Welt ausgestrahlt.«

»Patienten nach einem Herzinfarkt, Schlaganfall, schweren Unfall oder mit Nierenversagen wurden vor Errichtung der Intensivstationen, aus dem Operationssaal kommend, in ihren Betten auf den Gang gelegt, weil dort regelmäßig Schwestern und Ärzte vorbeikamen«, erinnert sich der Wiener Anästhesist und Medizinhistoriker Franz Lackner, der Safar noch kannte. »Ich habe das als junger Arzt selbst noch gesehen. Das waren unhaltbare Zustände.«

Peter Safar spezialisierte sich als Lehrstuhlinhaber für Anästhesie an der Universität Pittsburgh auf Schmerztherapie und Wiederbelebung und erzielte mit der Entwicklung der Mund-zu-Mund-Beatmung herausragende Erfolge. Er schreckte nicht davor zurück, freiwillige Mitglieder seines Ärzteteams mit einem indischen Pfeilgift zu narkotisieren, um seine Wiederbelebungsmaßnahmen testen zu können.

So wurde er als »Vater der modernen Reanimation« und als »Pionier der Notfallmedizin« weltberühmt. »Und weil man einen wiederbelebten Patienten nicht einfach in ein Bett auf der Normalstation legen kann«, erklärt Professor Lackner, »ist Peter Safar zur Intensivtherapie übergegangen.«

Während auf Normalstationen pro diplomierter Pflegerin bis zu zwanzig Patienten betreut werden, überwacht und behandelt eine speziell ausgebildete Pflegefachkraft auf Intensivstationen gleichzeitig nur ein bis drei Patienten. Auch muss immer ein Arzt anwe-

Dreimal für den Nobel-preis nominiert: Peter Safar, der Arzt aus Wien, der in den USA die Intensivstation erfand

send oder in kürzester Zeit abrufbar sein. Verpflichtend ist auch der Einsatz modernster Geräte.

Peter Safar war nicht der Erste, der sich über eine intensivmedizinische Betreuung Gedanken machte. Florence Nightingale, die Begründerin der modernen Krankenpflege, schlug bereits 1855, während des Krimkrieges, die Einrichtung spezieller Räume für die unmittelbare Zeit nach einer Operation vor. Weiters hatte der dänische Arzt Björn Ibsen als Vorstufe zu Safars Intensivstation 1954 in Kopenhagen den Aufwachraum entwickelt.

Peter Safar wurde für seine herausragenden Leistungen mit Ehrendoktoraten ausgezeichnet, an der Universität Pittsburgh ist das Safar-Zentrum für Reanimationsforschung nach ihm benannt, und er wurde dreimal für den Nobelpreis nominiert. Obwohl Safar auch in Österreich mehrfach geehrt und im Jahr 2008 im dritten

Wiener Gemeindebezirk eine Gasse nach ihm benannt wurde, ist er in seiner Heimat weitgehend vergessen.

Österreichs erste Intensivstation wurde 1963 am Wiener AKH ins Leben gerufen. Während in kleineren Krankenhäusern auch heute noch oft nur eine gemeinsame Intensivabteilung besteht, gibt es in größeren Spitälern auf verschiedene Fachrichtungen eingerichtete Intensivstationen unter anderem für Chirurgie, Herzchirurgie, Neurologie, Pädiatrie und Innere Medizin. Infolge von Covid-19 kam es weltweit zu einer dramatischen Zunahme an intensivmedizinischen Patienten, von denen viele künstlich beatmet werden mussten.

Peter Safars lebenslanges Ziel war es, »die Herzen und Gehirne jener zu retten, die zu jung sind, um zu sterben«. Und gerade ihn traf das Schicksal mit dem plötzlichen Tod seiner Tochter Elisabeth, die 1966 mit elf Jahren nach einem Asthma-Anfall starb.

Selbst diese Tragödie blieb für den medizinischen Fortschritt nicht ohne Folgen: Peter Safar gründete danach in den USA einen nationalen Rettungsdienst, setzte Standards für die Aus- und Weiterbildung von Sanitätern und die Ausstattung von Intensivkrankenwagen. Darüber hinaus erkannte er, dass für eine effektive Herz-Lungen-Wiederbelebung Übungsmöglichkeiten fehlten, woraufhin er eine Puppe in Form eines menschlichen Körpers entwickelte, an der die Reanimation trainiert werden kann.

Im Jahr 1989 trat Peter Safar in den Ruhestand, den er in den USA verbrachte. Er kam aber immer wieder nach Wien, wo er die geliebten Philharmonischen Konzerte besuchte, schließlich war er selbst ein begabter Pianist. »Er war ein liebenswerter Mensch, dem es leichtfiel, Freundschaften zu schließen«, erinnert sich sein

102 Jahre alter Lehrer Professor Mayrhofer, »und der auch mir im Lauf der Jahre zum Freund wurde.«

Peter Safar starb am 3. August 2003 mit 79 Jahren in Pittsburgh. Er hinterließ seine Frau Eva, die wie er aus Wien stammte, und zwei Söhne. »Selten hat ein Einzelner die Medizin so beeinflusst wie er«, meinte anlässlich seines Todes sein Schüler, der Notfallmediziner Fritz Sterz. »Die Wiederbelebung von Menschen mit Herz-Kreislauf-Stillstand ist jenes Fachgebiet, mit dem Safar weltberühmt wurde.«

Der große Arzt fand auf dem Grinzinger Friedhof in Wien seine letzte Ruhe.

Friedrich Torberg als Geheimagent
»Nebenberufliche« Tätigkeiten für FBI und CIA

Wenn man seine *Tante Jolesch* liest, kann man sich's kaum vorstellen: Friedrich Torberg, der hinreißende Autor des Klassikers vom *Untergang des Abendlands in Anekdoten*, aber auch bedeutende Kritiker und Romancier, war während des Zweiten Weltkrieges und danach »nebenberuflich« als Agent des FBI und der CIA, der beiden Geheimdienste der Vereinigten Staaten von Amerika, tätig.

Torberg, in der Hitlerzeit auf der Flucht vor den Nationalsozialisten, machte aus seiner antikommunistischen Haltung nie einen Hehl. In den Jahren der Emigration trafen sich in Los Angeles die deutschsprachigen Schriftsteller regelmäßig, darunter Franz und

Alma Werfel, Lion Feuchtwanger, Bertolt Brecht, die Brüder Heinrich und Thomas Mann, aber auch Schauspieler und Komponisten. Wenn Thomas Mann irgendwo eingeladen wurde, durfte der Kommunist Brecht nicht kommen und umgekehrt. Die beiden konnten sich – wohl auch aus politischen Gründen – nicht leiden.

Ähnlich verhielt es sich in der (Nicht-)Beziehung zwischen Brecht und Torberg. Doch Torberg ging einen Schritt weiter und bespitzelte den Autor der *Dreigroschenoper* in den Jahren 1942 bis 1945 im Auftrag des amerikanischen Inlandsgeheimdienstes *Federal Bureau of Investigation* (FBI). Als die beiden Emigranten einander mehrmals in Kalifornien trafen, konnte Brecht wohl kaum ahnen, dass er von Torberg ausgehorcht würde. Dabei bewunderte der Österreicher des Deutschen »messerscharfe Intelligenz«, dessen Wissen, Witz und »raffinierte Art des Diskutierens« ebenso, wie er dessen politische Haltung missbilligte und kritisierte.

In seinem Bericht vom 30. März 1943 lieferte Torberg dem FBI eine ausführliche Analyse von Brechts Lehrstück *Die Maßnahme* (in dem die Tötung eines jungen Genossen im Sinne der »Revolutionierung der Welt« ausdrücklich gutgeheißen wird).

Das FBI erwog daraufhin, Brecht zu internieren, ließ den Plan aber nach einer neuerlichen Prüfung wieder fallen. In den ersten Nachkriegstagen riet Torberg dem *Office of War Information*, mehrere kommunistische Zellen in Hollywood genauer unter die Lupe zu nehmen.

Die Zellen wurden tatsächlich untersucht, und das führte dazu, dass das *Committee on Un-American Activities* des berüchtigten Senators Joseph McCarthy neben anderen linken und liberalen Künstlern auch Brecht in einen Untersuchungsausschuss vorlud. Die Ankläger, unter ihnen der spätere US-Präsident Richard Nixon,

*Friedrich Torberg,
der »Vater« der
Tante Jolesch,
war auch FBI- und
CIA-Agent.*

stützten sich in ihrer Argumentation wesentlich auf die von Torberg gesammelten Informationen. Als Zeuge im Sinne der Anklage fungierte der Schauspieler Ronald Reagan.

Ab 1951 wieder in Wien, sollte Torbergs Agententätigkeit ihre Fortsetzung finden. Zu diesem Zweck war ihm der Boden durch einen waschechten Brecht-Skandal gerade rechtzeitig bereitet worden: Der junge Komponist Gottfried von Einem, Mitglied des Direktoriums der Salzburger Festspiele, hatte mit dem deutschen

Dramatiker ein »Geschäft« vereinbart: Brecht sollte die österreichische Staatsbürgerschaft verliehen werden, wofür er ein Stück namens *Salzburger Totentanz* schreiben würde, das im Sommer 1951 im Rahmen der Festspiele uraufgeführt werden sollte. Und zwar – das war der eigentliche Skandal: anstelle von Salzburgs »heiliger Kuh« *Jedermann*, dem Spiel vom Sterben des reichen Mannes, das – mit Ausnahme der Nazizeit – jedes Jahr seit 1920 am Domplatz gegeben wurde.

Der Wirbel war vorprogrammiert: Brecht und seiner Frau Helene Weigel war die Staatsbürgerschaft von der Salzburger Landesregierung heimlich, still und leise bereits im April 1950 verliehen worden, doch der *Salzburger Totentanz* wurde nie aufgeführt, ja nicht einmal fertiggestellt. Gottfried von Einem musste das Direktorium der Festspiele verlassen, Hofmannsthals *Jedermann* blieb auf dem Spielplan und bleibt es vermutlich für alle Zeiten – und Torberg hatte einen aufsehenerregenden Einstand, als er just 1951 wieder in Österreich war. Ab 1954 gab der Heimkehrer die politische Monatszeitschrift *Forum* heraus, die im Kalten Krieg vom US-Auslandsgeheimdienst *Central Intelligence Agency* (CIA) finanziert wurde.

Im *Forum* polemisierte Torberg auch gegen linksliberale Schriftsteller wie Friedrich Heer und Hilde Spiel, doch der tatsächliche Kommunist Bert Brecht ließ ihn auch jetzt nicht los. Gemeinsam mit seinem Kritikerkollegen Hans Weigel (mit Helene Weigel nicht verwandt) gelang es Torberg bis 1963, die Aufführung sämtlicher Brecht-Stücke auf Österreichs Bühnen zu verhindern. 1965 löste ihn Günther Nenning als Herausgeber des *Forums* ab, der das Blatt nach links öffnete.

Zumindest in den USA dürften bei Torbergs Spitzeltätigkeit neben der antikommunistischen Einstellung auch finanzielle

Gründe mitgespielt haben. Der Autor und Regisseur Christian Reichhold entdeckte für seine Dokumentation *Exil unter Palmen* Torbergs Aussage, er sei bei *Warner Brothers* für eine Wochengage von hundert Dollar angestellt gewesen, die er als »noblere Form von Almosen« bezeichnete. Sie lag unter dem für Anfänger zugelassenen Minimum.

Da kam der »Nebenjob« im Geheimdienst gerade gelegen.

Erinnerungen an Kaisers Zeiten III

»Eine gute Kaisermischung«

Die Ahnen der Mary Vetsera

In historischen Berichten über das ebenso kurze wie tragische Dasein der Baronesse Mary Vetsera finden sich im Wesentlichen nur zwei Themen: Kronprinz Rudolf und Schloss Mayerling. Sehr wenig ist hingegen über die Herkunft der Geliebten des Thronfolgers bekannt.

Mary Vetsera war das, was man im alten Österreich »eine gute Kaisermischung« nannte. Die väterlichen Vorfahren waren Slawen und Deutsche, die Ahnen der Mutter Italiener, Griechen und Engländer. Marys Eltern hatten sich in Konstantinopel kennengelernt, wo Albin Vetsera damals als Legationssekretär an der österreichischen Botschaft tätig war. Marys Mutter, die bei ihrer Hochzeit erst sechzehnjährige Helene Baltazzi, entstammte einer reichen Bankiersfamilie, die im Orient ihre Geschäfte betrieb. Albin Vetsera, um 22 Jahre älter als seine Frau, war ursprünglich ein Freund ihrer Eltern gewesen und wurde, nachdem beide früh verstorben waren, zum Vormund der Baltazzi-Kinder bestellt. Das war eine gewaltige Aufgabe, denn das Ehepaar hinterließ nicht weniger als zehn Kinder. 1864 nahm Vetsera sein ältestes Mündel zur Frau.

Es war alles andere als eine Liebesheirat, Helene Baltazzi (1847–1925) galt vielmehr als »blendende Partie«. Die Ehe mit einem der

Alles andere als eine Liebesheirat: Marys Eltern Helene geb. Baltazzi und Albin von Vetsera

reichsten Mädchen von Konstantinopel wirkte sich offenbar auch günstig auf die Karriere von Albin Vetsera (1825–1887) aus: Marys Vater brachte es sehr rasch zum Gesandten und Bevollmächtigten Minister in St. Petersburg, Lissabon und am hessischen Hof.

Durch den Vater – der 1870 von Kaiser Franz Joseph in den Freiherrnstand erhoben wurde – dem erblichen Kleinadel angehörend und von der Familie der Mutter mit immensem Reichtum ausgestattet, verkehrte Mary bald in den ersten Kreisen auch der Haupt- und Residenzstadt. Während der Vater kränklich und durch seinen Beruf viel im Ausland war, gab die als lebenslustig bekannte Mutter in ihrem Wiener Salon zahlreiche Einladungen. Sie ließ – selbst eine blendende Campagnereiterin – auch kein Pferderennen aus und war gern gesehener Gast bei eleganten Diners, Soireen und Bällen. Im *Wiener Salonblatt* ist nachzulesen, dass Helene Vetsera »großes Interesse für das öffentliche Leben der Residenz zeigt, so dass sie selten einem Feste fernbleibt«. Madame Vetsera wolle zu Hof gehen und »sich und ihre Familie zur Geltung bringen«, notierte eine Hofdame der Kaiserin Elisabeth in ihrem Tagebuch. Das war just im Jahr 1877, in dem Helene Vetsera eine stürmische Affäre mit Kronprinz Rudolf hatte. Somit also zwölf Jahre vor ihrer Tochter!

Marys Onkel Hector Baltazzi war ein erfolgreicher Jockey; Alexander und Aristides, zwei weitere Brüder der Helene Vetsera, traten mit Pferden aus dem eigenen Stall bei internationalen Rennen an. Einen legendären Ruf hatten die Brüder aber auch als Politiker, Offiziere und vor allem als Lebemänner, die auf keiner der großen Gesellschaften in London, Paris, St. Petersburg und Wien fehlten. Heinrich Baltazzi, der jüngste der vier Brüder, galt als »elegantester Herr der Monarchie«. Er wurde von Arthur Schnitzler als »unerreichbares Idealbild« bezeichnet und zur Vorlage des Grafen im *Reigen* genommen.

Schon als Zehnjährige hat Mary ihre erste Begegnung mit dem Tod. Am 8. Dezember 1881 kehrt ihr älterer Bruder Ladislaus, der eine Vorstellung von *Hoffmanns Erzählungen* besuchte, nicht mehr zurück ins elterliche Palais. Der sechzehnjährige Militärschüler zählt zu den Opfern des Ringtheaterbrandes, bei dem insgesamt

386 Menschen ums Leben kamen. 1887 – eineinhalb Jahre vor der Katastrophe von Mayerling – stirbt Marys Vater mit 62 Jahren in Kairo an den Folgen eines Schlaganfalls.

In den Morgenstunden des 31. Jänner 1889 wird Helene Vetsera aus Hofkreisen mitgeteilt, dass ihre Tochter Mary im Schloss Mayerling den Kronprinzen ermordet habe. Dies war auch die erste Meldung, die den Kaiser erreichte. »Eine hochgestellte Persönlichkeit«, hinterließ uns Helene Vetsera in ihrer wenige Wochen nach dem Tod ihrer Tochter verfassten *Denkschrift*, habe ihr mitgeteilt, dass Mary und Rudolf »gemeinsam das Frühstück eingenommen hätten, und es sei anzunehmen, dass sie ihn und dann sich selbst vergiftet habe«.

Ziel dieser Diffamierung war es, den Kronprinzen als Opfer und Mary Vetsera als Täterin darzustellen. Dass diese Version schließlich fallen gelassen werden musste, ist der Wahrheitsliebe des kaiserlichen Leibarztes Hermann Widerhofer zu danken, der nicht bereit war, das Obduktionsgutachten zu verfälschen.

Doch auch als Marys Unschuld nach der Tragödie von Mayerling erwiesen war, befanden sich die eben noch hoch angesehenen Familien Vetsera und Baltazzi in der gesellschaftlichen Verbannung. Ein Großteil der einstmals »guten Freunde« der lebenslustigen und in der Wiener Gesellschaft so beliebten Helene Vetsera kondolierte nicht einmal, und bei Spaziergängen, die sie demonstrativ durch die Prater-Hauptallee unternahm, blieb ihr Gruß häufig unerwidert. Sie beschwerte sich daraufhin beim Ministerpräsidenten Eduard Graf Taaffe, der sich außerstande sah, »die Einstellung Ihrer Bekannten zu beeinflussen«. Lediglich als Privatmann, wie er ausdrücklich betonte, gab er ihr den Rat, »zur Vermeidung weiterer Affronts einige Zeit im Ausland zu verbringen«.

Und der Kaiser, dem Helene Vetsera in ihrer Verzweiflung ebenfalls schrieb, ließ durch seinen Kabinettsdirektor nur »den wohlmeinenden Rath ertheilen, das Ihnen von der Vorsehung auferlegte schwere Leid mit ruhiger Ergebung zu tragen und Alles zu vermeiden, was einer allmählichen Milderung der Lage hindernd im Weg treten könnte«.

Selbst an der Beisetzung ihrer Tochter im Stiftsfriedhof von Heiligenkreuz durften nur zwei Onkel Mary Vetseras teilnehmen, ihrer Mutter war dies ausdrücklich untersagt. Nicht genug damit wurde die Baronin »von einer Vertrauensperson des Kaisers beauftragt, aus Rücksicht den Majestäten gegenüber, sich während der Leichenfeier des Kronprinzen von Wien fernzuhalten«.

Helene Vetsera verließ Österreich fluchtartig und hielt sich einige Zeit in Venedig versteckt. Die einst lebenslustige Saloniere starb am 1. Februar 1925 im Alter von 78 Jahren als gebrochene Frau – sie hatte alle ihre vier Kinder überlebt.

Österreichs Kaiserin von Brasilien
Die unglückliche Leopoldine

Brasilien war einmal eine Monarchie mit einer Kaiserin an der Spitze, die aus dem Haus Österreich stammte. Sie brachte Südamerikas größtem Land die Unabhängigkeit, doch gedankt wurde es ihr nicht, ganz im Gegenteil, ihr Mann, der Kaiser, hat sie so brutal misshandelt, dass sie an den Folgen seiner Grausamkeiten elendiglich zugrunde ging.

Erzherzogin Leopoldine kam am 22. Jänner 1797 in Wien als Tochter des Kaisers Franz II. in Wien zur Welt. Es war klar, dass auch dieser hübschen jungen Frau keine Liebesheirat gewährt würde. Das hat vor allem Staatskanzler Metternich nicht zugelassen, und so sah er sich, als sie neunzehn war, um einen Ehemann aus einem regierenden Haus um. Portugals Kronprinz Dom Pedro von Braganza wurde auserwählt – gegen den ausdrücklichen Willen von Kaiser Franz, der über dessen Lebenswandel entsetzt war. Doch schließlich ließ sich der Kaiser nach Abwägung aller politischen Gegebenheiten von Metternich überreden.

Leopoldine wusste nicht, was auf sie zukam. Das Dilemma begann damit, dass Portugals Residenz seit Jahren nicht mehr in Lissabon lag, sondern im fernen Rio de Janeiro, dem Sitz des Vereinigten Königreichs von Portugal, Brasilien und den Algarven. Dadurch wusste Leopoldine, dass sie aller Wahrscheinlichkeit nach ihre geliebte Familie nie wieder sehen würde.

Leopoldine verfiel dennoch in eine fast kindliche Schwärmerei: »Brasilien ist ein herrlicher, sanfter Himmelsstrich«, schrieb sie ihrer Schwester, »ein gesegnetes Land und hat biedere und gutmütige Bewohner. Das Porträt des Prinzen macht mich noch halb narrisch. Er ist so schön wie Adonis.«

Den Charakter dieses »Traumprinzen« sollte sie erst später kennenlernen. Leopoldine bereitete sich voller Eifer und Enthusiasmus auf ihre künftigen Aufgaben vor, lernte zusätzlich zu ihren Französisch-, Italienisch- und Lateinkenntnissen auch noch Portugiesisch und studierte die Tier- und Pflanzenkunde ihrer neuen Heimat.

Die Heirat fand, wieder einmal, ohne dass die Brautleute einander kannten, in der Wiener Augustinerkirche statt, wobei Dom Pedro bei der Zeremonie von Leopoldines Onkel, Erzherzog Karl, vertre-

Den Charakter ihres »Traumprinzen« sollte sie erst später kennenlernen: die aus Österreich stammende Kaiserin Leopoldine von Brasilien

ten wurde. Nach dreimonatiger Reise traf die künftige Kaiserin im November 1817 im Triumphzug in Rio de Janeiro ein, wo sie von Dom Pedro und der jubelnden Bevölkerung empfangen wurde.

Spätestens als Pedro von seinem Vater 1821 die Regierungsgeschäfte übernahm, stand fest, dass er über keinerlei politische Fähigkeiten verfügte, ganz im Gegensatz zu seiner Frau, die vernunftbegabt, überlegt und trotz ihrer Jugend umfassend gebildet war.

So kam es, dass die Österreicherin in Brasilien schnell an Einfluss gewann und ihr Mann von ihren Ratschlägen und intellektuellen Fähigkeiten abhängig war. Als der Ministerrat wegen des ständig wachsenden Drucks aus Lissabon unter Dona Leopoldinas Vorsitz die Trennung Brasiliens von Portugal beschloss, ließ sich Dom

Pedro, ohne viel dazu beizutragen, am 1. Dezember 1822 mit großem Pomp als Kaiser Pedro I. krönen. Tatsächlich war es die Habsburgerin, die Brasiliens Unabhängigkeit von Portugal in die Wege geleitet und damit einen wichtigen Schritt in der Geschichte des Landes gesetzt hatte. Sie war auch die eigentliche Herrscherin.

Pedro dankte seiner Frau ihr Geschick und ihre Fähigkeiten keineswegs. Nachdem sie ihm neben ihrer politischen Arbeit auch noch sechs Kinder geschenkt hatte, legte sich ihr – immer schon untreuer – Mann eine offizielle Geliebte zu, womit die Ehe endgültig zerstört war und es immer wieder zu Misshandlungen kam. Am 1. Dezember 1826 trat Pedro der schwangeren Kaiserin so stark in den Bauch, dass sie eine Frühgeburt erlitt, an deren Folgen sie zehn Tage später im Alter von 29 Jahren starb.

»Wenn Papa nicht mehr ist ...«
Aus den Tagebüchern einer Erzherzogin

Sie war klug, gebildet, an Schöngeistigem interessiert und darüber hinaus eine talentierte Schreiberin. Da sie die Lieblingstochter der Kaiserin Elisabeth war und auch ihrem Vater Kaiser Franz Joseph besonders nahestand, verfügte Marie Valerie über einen großen Einblick in das private und gesellschaftliche Leben der kaiserlichen Familie. Die Erzherzogin führte über mehrere Jahrzehnte ein Tagebuch, von dem lange Zeit niemand etwas wusste und das mehr über die persönlichen Lebensumstände im Kaiserhaus verrät als alle Habsburger-Biografien zusammen.

Denn Marie Valerie war Zeugin der wichtigsten Ereignisse in der dramatischen Familiengeschichte, sie erlebte die kleinen Freuden der Dynastie ebenso aus nächster Nähe mit wie die großen Katastrophen – und sie hat alles aufgeschrieben: vom mysteriösen Tod König Ludwigs II. von Bayern, des Cousins ihrer Mutter, über den Suizid ihres Bruders, Kronprinz Rudolf, den Feuertod von Sisis jüngster Schwester Sophie bis zur Ermordung ihrer Mutter, Kaiserin Elisabeth. Vor allem aber hat sie den Alltag am kaiserlichen Hof wie sonst niemand dokumentiert. Was ihre Tagebücher ebenfalls so wertvoll macht, ist die kritische Sichtweise der Institution Monarchie wie auch einzelner Mitglieder des Erzhauses. Auf jeden Fall stammt alles, was sie beschreibt, aus erster Hand. Weite Teile der Tagebücher werden hier zum ersten Mal veröffentlicht.

Marie Valerie wurde am 22. April 1868 als viertes und jüngstes Kind des Kaiserpaares in Budapest geboren, weshalb man sie auch »das ungarische Kind« nannte. Als sie ihre ersten Eindrücke und Erlebnisse aufzuschreiben begann, war sie acht Jahre alt, mit vierzehn zeigte sie sich laut Eintrag vom 4. Juni 1882 »stolz eine Habsburgerin zu sein, es war ja kein Haus so wie dieses, so fromm, gerecht, lieb und vollkommen«.

Ganz anders die distanzierte Haltung gegenüber ihrer Schwägerin Stephanie, der frisch vermählten Frau des Kronprinzen Rudolf, die sie nicht leiden konnte: »Gestern Abend speiste ich also wieder unten mit Papa, Mama, Rudolf und Stephanie«, notiert Valerie am 23. Dezember 1882. »Stephanie war wieder zu lächerlich … fast garstig, ein Trumm. So groß, dick, gelb und blond und in einem grässlichen weißen Atlaskleid … Wie kann Rudolf diese Frau so lieben?«

Wenige Tage nachdem Stephanie am 2. September 1883 ihre Tochter Elisabeth (auch Erzsi und später die »rote Erzherzogin«

*Informationen
aus erster Hand:
Erzherzogin Marie
Valerie, die jüngste
Tochter Kaiser
Franz Josephs und
Kaiserin Elisabeths*

genannt) zur Welt gebracht hat, kommt Valerie zu ihr nach Laxenburg: »Besuch bei Stephanie, gar nicht wie man sich eine Mutter vorstellt. Ich glaube, sie kann es ihr nicht verzeihen, dass sie ein Mädchen ist. Rudolf scheint im Gegenteil ganz glücklich.« Wie sie es überhaupt als merkwürdig erachtet, »dass Rudolf ein ganz anderer Mensch ist, wenn Stephanie nicht dabei ist«.

Kurz vor ihrem Tod am 6. September 1924 erklärte Marie Valerie, Teile ihrer Tagebücher vernichtet zu haben. Freilich hat der Archivar und Historiker Richard Sexau rechtzeitig verlässliche Abschriften aus den Jahren 1878 bis 1912 angefertigt, die die deutschen Historiker Martha und Horst Schad edierten und 1998 als Buch herausbrachten. Doch wurden die in der Bayerischen Staatsbibliothek aufbewahrten Transkriptionen nur bis 1898 zur Veröffentlichung freigegeben. Die Jahre von 1899 bis 1912 waren gesperrt und werden im vorliegenden Buch erstmals veröffentlicht.

Erzherzogin Marie Valerie schwärmt von Kindheit an fürs Theater, schreibt sogar Stücke, von denen einige aufgeführt werden. Als sie am 27. November 1883 vierzehnjährig im Burgtheater eine Vorstellung des Schauspiels *Dorf und Stadt* besucht, ahnt sie nicht, welch große Rolle die in ihrem Tagebuch erwähnte Schauspielerin bald in ihrer Familie, insbesondere im Leben ihres Vaters, spielen wird: »Eine Neue namens Schratt machte das Lorle, sie ist wunderschön, aber nicht so lieb wie Wessely*.«

Man würde vermuten, dass Schönbrunn mit seiner prachtvollen Parkanlage ein Paradies für Kaiserkinder war, doch davon ist nach Marie Valeries Schilderung vom 20. August 1883 keine Rede: »Sehnsucht nach Ischl und seinen Bergen. Unbehagen in dem verhassten,

---

* Josefine Wessely, 1860–1887, Burgschauspielerin, Tante der Paula Wessely

»Wie kann Rudolf diese Frau so lieben?«: der Kronprinz mit Gemahlin Stephanie

ekelhaften, ausgebrannten Schönbrunn ... diesem steifen und kaiserlichen Schloss.«

Im Dezember 1885 macht sich erstmals die Todessehnsucht der Kaiserin Elisabeth bemerkbar, über die Marie Valerie schreibt: »... das Übel ist Mamas unbeschreibliche Verzweiflung und Hoffnungslosigkeit. Sie sagt, es sei eine Qual zu leben und deutete an, sie möchte sich umbringen. ›Dann kommst du in die Hölle‹, sagte

Papa. Und Mama antwortete: ›Die Hölle hat man ja schon auf Erden.‹«

Ganz so kühl und abweisend, wie meist erwähnt, scheint Kaiser Franz Joseph, jedenfalls Valerie gegenüber, nicht gewesen zu sein, sonst hätte die Sechzehnjährige seine Heimkehr nach längerem Auslandsaufenthalt am 29. Mai 1884 wohl nicht so euphorisch beschrieben: »Die Tür ging auf und wie ein Blitz war ich auch schon neben ihm – fing seine Hand, küsste sie einige Male, ließ sie aber bald los, um, alles vergessend, meine beiden Arme fest um seinen Hals zu schlingen und küsste ihn einmal, zweimal! Ihn! Meinen Vater! Meinen Kaiser!!! Es war ein Traum, ein berückender Rausch. Auch er küsste mich öfters und als er sich endlich losgemacht, war sein erstes Wort: ›Das war lang!‹«

Einer sorglosen Kindheit und Jugend folgen unvorstellbare Katastrophen und Unglücksfälle. »Heute« (am 10. Juni 1886) »ist der König von Bayern* als geisteskrank erklärt worden und eine Deputation hat ihn der Regierung entsetzt und Onkel Luitpold** die Regentschaft übertragen.«

Vier Tage später. »Mama rief mich und ich erfuhr: Der König hat sich in den See gestürzt … Gegen ½ 9 Uhr wurde der König vermisst, man durchsuchte mit Laternen den ganzen Garten und fand gegen 11 Uhr am äußersten Ende im See vom Schlamm bedeckt die Leiche des Königs und Dr. Guddens***.«

---

* König Ludwig II. von Bayern, 1845–1886, Cousin ihrer Mutter Elisabeth
** Luitpold, Prinzregent von Bayern, 1821–1912
*** Bernhard von Gudden, Psychiater, 1824–1886

Marie Valerie führt das prunkvolle Leben einer jungen Prinzessin. Déjeuners, Diners, Hofbälle, Soireen, Hochzeiten, Taufen und Firmungen innerhalb der Familie sind an der Tagesordnung, auch ist sie viel auf Reisen, meist in Begleitung ihrer Mutter. Aufgaben oder Pflichten von größerer Bedeutung hat sie nicht. Jedoch zeigt sich die jüngste Kaisertochter als Wohltäterin, spendet für Opfer und Angehörige des Ringtheaterbrandes, kleidet arme Kinder ein, lässt während des Ersten Weltkrieges ein Lazarett bauen, unterstützt Alters- und Armenheime.

Für die Auflehnung der Armen und den Konflikt der Nationalitäten bringt sie jedoch wenig Verständnis auf: »Seit einem Monat«, schreibt die Erzherzogin am 11. Juni 1886, »gibt es wieder die abscheulichen Unzufriedenheiten und Unruhen und Meutereien in Ungarn und Krain – ... Undank gegen einen solchen Kaiser!«

Marie Valerie hat ganz andere Sorgen. Für sie ist's laut Eintrag vom 23. Mai 1887 »ein unerträglicher Gedanke, das geliebte Ischl (gemeint ist die Kaiservilla, Anm.) einst in Rudolfs und Stephanies Besitz zu wissen, so arg, dass ich die geliebte Villa eher anzünden möchte ...« Doch Kaiserin Elisabeth beruhigt ihre Lieblingstochter: »Wegen Ischl ist schon alles in Ordnung.« Und Franz Joseph flüstert ihr bei nächster Gelegenheit zu: »Es gehört ja das Ganze dir.«

Tatsächlich hat der Kaiser die Ischler Villa Marie Valerie vermacht, die sie nach seinem Tod 1916 erben wird. Da sie Habsburgischer Privatbesitz ist, bleibt das Anwesen auch nach dem Zusammenbruch Österreich-Ungarns in ihrem Besitz. Der heutige Eigentümer ist ein Enkel Marie Valeries.

Bad Ischl, 17. Juli 1887. »Papa ... sehr heiter ... – da leuchtete mir wie ein Blitz die Ahnung auf: Das ist ja der vorletzte Kaiser aus dem Hause Habsburg, der vor mir steht – mit einem Rudolf begann die stolze Reihe, mit einem Rudolf wird sie schließen ...« Worauf Marie Valeries Ungarischlehrerin Marie Gräfin Kornis erwidert: »›Was ich da sage, sei ja eine uralte Prophezeiung ...‹ Werde ich all das wohl erleben?«

Zu Weihnachten 1887 sagt ihr Onkel Carl Theodor* über Rudolf, »er sei wohl bedeutend, aber doch nicht so, wie er sich selbst dafür hält, und er habe gewiss kein gutes Herz. So habe die Umgebung Rudolfs gute Anlagen erstickt und ihn zu einem unsympathischen, ja unheimlichen Menschen gemacht.«

Am 4. August 1888 »zeigten Mama, Papa und ich der Frau Schratt den Garten ... sie ist wirklich einfach und sympathisch, aber doch habe ich eine Art Groll, obwohl sie ja nichts dafür kann, dass Papa diese Freundschaft für sie hat, aber die bösen Menschen reden davon und können nicht glauben, wie kindlich Papa diese Sache auffasst, wie rührend er auch hierin ist. Aber von ihm sollte man nicht einmal reden – das tut mir leid und ich finde, Mama hätte darum diese Bekanntschaft nicht so unterstützen sollen.«

Knapp zwei Jahre später, am 7. Mai 1890, notiert Marie Valerie: »Frau Schratt dinierte mit uns (zu viert), machte mit uns einen Spaziergang und blieb bis Abend. – Ich kann nicht sagen, wie peinlich mir solche Nachmittage sind.« Und an anderer Stelle: Für den zusehends einsamer werdenden Kaiser sei »jeder Umgang besser als keiner oder jener der Schratt«.

Dem Tagebuch vom 30. November 1888 ist zu entnehmen, dass Marie Valerie – wie ihre Mutter und ihr Bruder Rudolf – die Meinung vertritt, dass »die Republik die beste Staatsform« sei.

---

*   Carl Theodor Herzog in Bayern, 1839–1909, Bruder der Kaiserin Elisabeth, bekannter deutscher Augenarzt

16. Dezember 1888 (sechs Wochen vor Mayerling). »Armer Bruder, er hat doch auch ein warmes, liebesbedürftiges Herz – denn er umschloss und küsste mich mit der ganzen Innigkeit wahrer Bruderliebe – und wieder und noch einmal zog er mich an sein Herz ... Mama bat ihn, immer gut für mich, für uns zu sein, wenn wir einmal von ihm abhängig sind und er schwur und beteuerte es einfach und warm.«

Die nun folgenden Monate sollten eigentlich eine Zeit der Freude für Marie Valerie werden, feiert sie doch zu Weihnachten 1888 ihre Verlobung mit Erzherzog Franz Salvator von Österreich-Toskana, den sie ehrlich liebt. Doch die Ereignisse im Kaiserhaus überschatten auch das Glück des jungen Brautpaares.

Am 29. Jänner 1889, einen Tag vor Mayerling, findet in der Hofburg ein Familiendiner statt, »bei welchem Rudolf, den ich am 22. 1. in der Oper zuletzt sah, nicht erschien. Er war zur Jagd in Mayerling und ließ durch Philipp Coburg* sagen, er habe etwas Schnupfen und Fieber und bleibe lieber ruhig draußen.«

In ihrem Tagebuch schildert Marie Valerie ihre Sicht der Kronprinzentragödie aus nächster Nähe: »Mittwoch, 30. Jänner war schon alles gepackt, um am Donnerstag nach Ofen (Budapest, Anm.) zu reisen. Ich war um 12 Uhr ... eben vor dem Déjeuner, als mir Gusti sagt, Mama lasse mich rufen. Ich eile ganz lustig hinauf und finde Mama in meinem Schlafzimmer. ›Rudolf ist sehr krank – keine Hoffnung ... du wirst blass werden – es ist das allerschlimmste.‹ Ich weiß nicht, warum ich sag: ›Hat er sich umgebracht?‹ Und wie dann Mama so erschreckt frug, warum ich das glaube, da wusste ich's. ... Mama sagte, ich solle ruhig sein wie sie, wegen Papa, und

---

* Philipp Prinz Coburg, 1844–1921, Kronprinz Rudolfs Schwager

ich war es auch. Sie selbst hatte ihm (dem Kaiser, Anm.) die vom Grafen Hoyos* gebrachte Nachricht gesagt und während meine Gedanken noch bei ihm waren, dem auch dies Bitterste nicht erspart geblieben, trat er selbst ein.

Wie weh es tut, ihn anzusehen, können Worte nicht sagen; ich fiel ihm um den Hals. Wir hielten uns umschlossen und weinten und sein heldenhaftes Beispiel hielt Mama und mich aufrecht.«

Marie Valerie wird zu Rudolfs Witwe Stephanie geschickt, um sie zu informieren, doch die wusste schon Bescheid. »Unglückliches Weib! Sie bat uns alle immer wieder um Verzeihung, denn da fühlte sie wohl, dass ihr Mangel an Hingebung mitgewirkt, um Rudolf zu diesem Schauderhaften zu treiben ...

Abends sagt Mama, es sei doch noch nicht ganz sicher, ob sich Rudolf umgebracht. Den Leuten sagt man: Herzschlag. Sie standen zu Tausenden am Burgplatz und die Soldaten saßen zeitunglesend auf der Wache ... Armer, unglücklicher Bruder! Was mag in dieser Seele vorgegangen sein, bis sie sich zu diesem Äußersten getrieben wähnte und seinen Eltern das Furchtbarste antat ...

Mama übergab mir ... einen Brief Rudolfs an mich, worin er von der Notwendigkeit dessen spricht, was er getan, ohne einen Grund zu nennen, Franz und mir den Rat gibt, nach Papas Tod auszuwandern, da es in Österreich sehr ungemütlich wird. ... Auch sie (die Kaiserin, Anm.) und Stephanie hatten einen Brief von ihm. Papa fühlte er sich nicht würdig zu schreiben.« – Für den Kaiser muss es bestürzend gewesen sein, als einziges nahes Familienmitglied keinen Abschiedsbrief erhalten zu haben.

---

* Josef Graf Hoyos, 1839–1899, Jagdfreund des Kronprinzen

Noch am Tag seines Todes wird Rudolfs Leichnam in die Hofburg gebracht und in seinem Schlafzimmer aufgebahrt. »Und da lag Rudolf«, schreibt seine »kleine« Schwester, »Habsburgs letzte Hoffnung, der einzige Sohn unserer armen Eltern, mein eigener Bruder, der schlimme ›Nazi‹* meiner Kindheit tot – tot. Er ... lag so friedlich, das weiße Leintuch bis zur Brust heraufgezogen und rings mit Blumen bedeckt. Der leichte Verband an seinem Kopf entstellte ihn nicht ... So schön war er mir noch nie vorgekommen – er schien zu schlafen und ruhig, glücklich zu sein.

... Stephanie speiste mit uns und brachte das arme Kind mit, bei dessen Anblick Papa weinte. Und da saßen wir im selben Zimmer, wo wir am Weihnachtsabend vor meiner Verlobung gespeist und uns so gefreut hatten an Rudolfs Herzlichkeit gegen uns. – Der Kontrast war so überwältigend und zum ersten Mal verlor Mama einen Augenblick die Fassung, um trotz Papas Gegenwart bitterlich zu weinen.

Abends sagte sie uns, dass der Minister** nun Papa selbst gebeten, die Wahrheit zu veröffentlichen, da doch niemand an einen natürlichen Tod glaube. Der Entschluss wurde ihm sehr schwer ...«

Am 3. Februar 1889 sind Stephanies Eltern, König Leopold II. von Belgien und seine Frau Marie Henriette, in Wien eingelangt. »Der König ist so namenlos unsympathisch ..., dass man unwillkürlich eisig wird – sogar Papa fand das. Mama sagte zu der Königin recht deutlich, dass sie keine Lust habe, Stephanie als liebe Tochter zu betrachten ... Die Majestäten speisten mit uns, und Stephanie (von Marie Valerie als »gewiss strohdumme Frau« bezeichnet, Anm.) war

---

* Nazi war der Spitzname ihres Bruders Rudolf.
** Eduard Graf Taaffe, 1833–1895, k. u. k. Ministerpräsident

eigentlich, wie wenn nichts geschehen wäre. Ihre Demut und Zerknirschung hat nicht lange gedauert, und es ist nur zu begreiflich, dass Mama, die sie anfangs wirklich bedauerte, jetzt durch ihr ganzes Wesen empört ist.«

Drei Tage später, nach einem weiteren Diner mit dem belgischen Königspaar, notiert Marie Valerie, dass »Stephanie kalt und ... herzlos von allen und jedem sprach. Mama sagte, sie schäme sich ihrer vor den Leuten. – Wenn man diese Frau recht kennen lernt, so muss man Rudolf entschuldigen, dass er für die Herzensleere des Heims auswärts Zerstreuung und Betäubung suchte. Gewiss, er wäre nicht so geworden, hätte er ein andres Weib gehabt, das ihn verstanden!«

Am 10. Februar 1889 »erzählte mir Mama, sie war gestern Abend ... ganz allein zwischen 8 und 9 Uhr in der Kapuzinergruft ... sie tat es in der Hoffnung, Rudolf könne ihr erscheinen und ihr sagen, ob er dort noch begraben sein wolle.« Enttäuscht, weil Rudolf sich nicht »gemeldet« hatte, ging die Kaiserin wieder zurück in die Hofburg, »aber doch war ihr der Besuch Trost und Beruhigung«.

Eine Woche danach erkennt Elisabeth geradezu prophetisch, dass Rudolfs Tod politische Konsequenzen haben würde: »Übrigens glaubt Mama, dass sich Österreich überhaupt nicht mehr halten wird, wenn Papa nicht mehr ist, der durch die Macht seines makellosen Charakters und aufopfernder Güte die widersprechendsten Elemente eint ... Nur die Liebe zu Papa halte die Völker Österreichs zurück, offen zu bekennen, wie sehr sie sich nach dem großen deutschen Vaterland zurücksehnen, aus dem sie verbannt sind.«

Der Kaiser gesteht seiner Familie, dass er »alle Tage trauriger« werde. »Aber er beherrscht sich so sehr, dass wir das nie geglaubt hätten.« Elisabeth erklärt, dass ihr Franz Joseph »schrecklich auf die Nerven ginge«. Marie Valerie spricht von »mehr als dreißig Jahren missglückter Ehe« und stellt fest, dass man sich »einen größeren Kontrast als Papa und Mama schwer denken« könne.

30. April 1889. »Mama wird wohl nie mehr, die sie ehemals war, sie neidet Rudolf den Tod und ersehnt ihn Tag und Nacht. Dabei ist auch ihr Glaube tief erschüttert, und oft sagt sie, ewiger Schlaf wäre ihr lieber als Erwachen zu neuem Leben, denn sie begehre nur Ruhe.«

Am 31. Juli 1890 feiert Marie Valerie in Bad Ischl mit Erzherzog Franz Salvator, ihrem Vetter dritten Grades, ihre Hochzeit, über der – knapp eineinhalb Jahre nach der Katastrophe – der Schatten von Mayerling liegt. Bald tauchen Zweifel über die Persönlichkeit des jungen Ehemannes auf: »Wenn wir unter Menschen sind, fällt mir auf, dass mein geliebter Franz sich oft ungeschickt benimmt, zu wenig oder auch ungeschickt redet, während alle anderen ... mit einer gewissen Verve zu reden wissen. Die Angst, dass mein Franz für unbedeutend gehalten wird, wird mir oft zur Marter ...«

Die Marter sollte noch schlimmer werden, wenn auch auf ganz andere Weise als erwartet. Denn Franz Salvator hat in seiner Ehe Beziehungen mit anderen Frauen, darunter mit Prinzessin Stéphanie Hohenlohe*, mit der er einen von ihm anerkannten Sohn hat, worüber Marie Valerie im Tagebuch kein Wort verliert. Die Ehe bleibt dennoch aufrecht, ihr entstammen zehn Kinder, die zwischen 1892 und 1911 geboren werden. Die Großfamilie lebt ab 1895 im Schloss Wallsee in Niederösterreich, wo sie von Kaiser Franz Joseph oft und gerne besucht wird. Eigentlich würde man annehmen, dass

---

* Stéphanie zu Hohenlohe-Waldenburg-Schillingsfürst geb. Richter, 1891–1972, siehe den Abschnitt im Kapitel *Hitlers »Edeljuden«* auf den Seiten 199–201

der mächtigste Mann Europas viel zu erzählen hat, doch durch eine Tagebucheintragung Marie Valeries wird man eines Besseren belehrt: »Die einzige Störung der Gemütlichkeit ist nur immer die Schwierigkeit, Gesprächsstoffe mit Papa zu finden.«

In dem knappen Jahrzehnt zwischen Rudolfs und Elisabeths Tod erfährt man aus dem Tagebuch Familieninterna, etwa dass Franz Josephs jüngster Bruder Ludwig Viktor (»Luziwuzi«) eine »fast gehässige Erbitterung« gegen die Kaiserin hat, dass Marie Valerie ihrer Schwägerin Stephanie zumindest eine Teilschuld an der Tragödie von Mayerling gibt, dass die Kaiserin immer wieder »in trostloser Stimmung« sei, »worunter auch Papa leidet«.

Kaisers ganze Freude sind die Enkelkinder, zu denen er sich wie ein ganz normaler Opa »auf den Boden setzt und mit ihnen Verstecken spielt«. Über Politik findet sich in den Tagebüchern hingegen kaum ein Wort, einmal, im Herbst 1894, bringt Marie Valerie all ihren Mut auf, den Kaiser zu bitten, »doch noch zu überlegen ..., bevor er das unglückliche Ehegesetz* unterschreibe«. Doch dafür sei es »schon zu spät«, entgegnet Franz Joseph, außerdem müsse er »durch die liberale Partei regieren, da sie die Majorität bildet, und Wahlen kann man jetzt nicht riskieren, denn dann kämen die gefährlichsten Elemente der äußersten Linken daran«. Marie Valerie gibt sich geschlagen: »Wie kann ich ihm das Gegenteil beweisen?« Und das Thema ist erledigt.

Vor allem fürchtet sie, dass der bald Siebzigjährige zu viel arbeitet: »Zu traurig, Papa stets in neuen Sorgen zu sehen, die ihm auch nicht zwei ruhige Tage lassen können.«

---

* In der ungarischen Reichshälfte wurde das Eherecht aus dem Verantwortungsbereich der Kirche in jenen des Staates übertragen und somit die Zivilehe eingeführt.

Nur nach außen hin glücklich: die Ehe der Erzherzogin Marie Valerie mit Erzherzog Franz Salvator

Am 5. Mai 1897 erfährt Elisabeth vom letzten großen Schicksalsschlag ihres Lebens. Marie Valerie: »Vormittag als ich (in der Hermesvilla, Anm.) bei Mama war, erhält sie von Papa ein Telegramm aus der Stadt. Bei einem großen Brand eines Wohltätigkeitsbasars in Paris (wurden, Anm.) Onkel Alençon verwundet und Tante

Sophie bis zur Stunde noch nicht aufgefunden, Mama sprach gleich die Überzeugung aus, dass Tante gewiss tot sei.«

Wie sich herausstellt, nahmen Elisabeths jüngste Schwester und ihr Mann, der Herzog Ferdinand von Alençon, an einer Filmvorführung in einem Zelt in Paris teil. Als ein Zelluloidstreifen Feuer fängt, beweist Sophie Charakter: Sie hat sich bereits ins Freie gerettet, bemerkt aber, dass andere Gäste noch im Zelt sind. Also läuft sie zurück, um zu helfen, und kommt, wie mehr als hundert weitere Besucher, in dem Flammenmeer ums Leben. Ihrem Mann gelingt es, sich zu retten, wobei er schwere Verbrennungen im Gesicht und am Kopf erleidet.

13. Mai 1898. »Die tiefe Traurigkeit, die Mama früher doch nur zeitweilig umfing, verlässt sie jetzt nie mehr. Da gibt es keinen, auch nur vorübergehenden Sonnenblick mehr – alles ist düster, alles trostlos. – Die beiden Worte: hoffen und sich freuen hat Mama für immer aus ihrem Leben gestrichen, sagt sie.«

Und dann der Abschied für immer. Marie Valerie hält sich mit ihren Eltern in Bad Ischl auf. Tagebucheintragung vom 15. Juli 1898: »Mamas Abreise nach Nauheim«, wo sie aufgrund ihres Herzleidens eine Badekur antritt. Sie bleibt bis 29. August 1898, reist inkognito an den Genfersee, verbringt ein paar Tage bei der Baronin Julie Rothschild in deren Villa Bellevue. Am 10. September 1898 nächtigt die Kaiserin im Hotel *Beau-Rivage* in Genf, von wo aus sie per Schiff in den Kurort Caux fahren will. An der Seepromenade, dem Quai du Mont-Blanc, stürzt sich der italienische Anarchist Luigi Lucheni auf Elisabeth und sticht ihr eine Feile ins Herz. Die Kaiserin betritt dennoch das Schiff, verliert das Bewusstsein und wird zurück in das nahe Hotel *Beau-Rivage* getragen, in dem sie nach wenigen Minuten stirbt.

Kaisers große Freude waren seine Enkelkinder, mit denen er – hier im Park von Wallsee – »wie ein ganz normaler Opa spielte«.

Das Tagebuch bleibt mehrere Tage ohne Eintrag, der Schock und die Trauer sitzen zu tief. Am 21. September 1898 holt Marie Valerie die Schilderung der Geschehnisse nach: »Nun ist es gekommen, wie sie es immer wünschte, rasch, schmerzlos, ohne ärztliche Beratungen, ohne lange, bange Sorgentage für die Ihren ... ›Und wenn ich einmal sterben muss, so legt mich an das Meer‹, hat sie einmal gesungen. Das Meer war es wohl nicht, aber der blaue Genfersee.«

Marie Valerie beschreibt, wie sie den Todestag ihrer Mutter erlebte: »Abends ½ 7 Uhr kehrte ich mit Maria von einem Rundgang bei unseren Armen zurück ... Ging mit den drei Großen in die Kapelle ... Herauskommend auf den Gang ... bittet mich Maria, ich möge in mein Schreibzimmer kommen, sie habe mir etwas zu sagen, ... als ich sie ansah, stand mein Herz still ...

›Ihre Majestät ... ermordet von einem italienischen Anarchisten, im Hotel in Genf verschieden.‹ ... Noch zittert mir die Hand, wenn ich zurückdenke ... Immer mehr unsagbares Mitleid um Ihn, den armen, alten, sorgen- und gramgebeugten Vater, die wohl auch vermessene Frage, ob es denn nicht zu viel für ein armes Menschenherz?« Marie Valerie fährt in derselben Nacht noch von Wallsee nach Wien. »Papa stand unten am Fuß der großen Stiege in Schönbrunn, und wir fielen einander in die Arme. Da konnte er zum ersten Mal weinen, sagte er mir später. Aber fassungslos war er auch da noch und bald darauf wieder ruhig, wie damals nach Rudolfs Tod ... dann durfte ich diesen ersten Tag fast ununterbrochen bei ihm verbringen, neben seinem Schreibtisch sitzend, während er arbeitete wie sonst ...

Papa scheint gleich an ein Attentat gedacht zu haben, obgleich er wiederholt äußerte: ›Wie kann man eine Frau ermorden, die Keinem je etwas zuleidegetan hat?‹ ... Er arbeitet alle Tage ununterbrochen wie immer, selbst alles bestimmend, was dem hergebrachten Ceremoniell zufolge zu geschehen hat.«

Am Abend des 15. September 1898 langt der Sonderzug mit dem Leichnam der Kaiserin in Wien ein. »Wir verließen Schönbrunn gegen 10 Uhr und fuhren, die Straßen vermeidend, durch welche der Zug inmitten der Menschenmassen zur Burg ziehen sollte, in die Burg ... Papa ging in aufrechter Haltung dem Sarg nach in die Burgkapelle ... dann kniete er nieder am Kopfende des geschlossenen Sarges und küsste ihn.«

17. September 1898. »Um 4 Uhr Leichenbegängnis. Papa ... kam mit Kaiser Wilhelm zu den Kapuzinern ..., geleitete den Sarg hinab.

Dann auch das vorbei, und wir kehrten nach Schönbrunn zurück, zu einem traurigen Diner, welchem auch der König von Sachsen beiwohnte.«

Am 22. September 1898 »wurde das Testament überbracht, Kenntnis genommen von dem großen, erschreckend großen Vermögen, das sie Gisela* und mir hinterlassen hat. Mir auch die Villa Hermes mit mehr als dem dazu erforderlichen Kapital, die Nutznießung aber Papa ... Ich fühle mich bevorzugt ... Gisela hat sich wieder mit rührender Liebe gegen mich benommen, ohne eine Spur von Eifersucht.«

Die nun folgenden Tagebuchauszüge stammen aus den Jahren 1899 bis 1912 und werden, wie erwähnt, hier erstmals veröffentlicht. Vorrangige Rollen spielten in diesem Abschnitt das Altern des Kaisers, das vorübergehende »Aus« der Beziehung mit Katharina Schratt, das Privatleben der Kronprinzessin-Witwe Stephanie, ihrer Tochter Erzsi sowie die Thronfolger Franz Ferdinand und Karl – und immer wieder rückblickend der Tod der Kaiserin.

Am 9. Dezember 1899 ist ihr Papa gedrückt. »Die alte Frische kehrt jetzt wohl nicht wieder und Sorgen gibt es selbst außer der Politik noch genug. Stephanie hat sich entschlossen, im März zu heiraten**, was Papa befriedigt. Aber Erzsis eigensinnige Opposition in dieser Sache betrübt Papa. Noch viel ernstere Sorge macht ihm Franz Ferdinands beharrlicher Wunsch, sich mit Gräfin Chotek, gewesene Hofdame bei (Erzherzogin, Anm.) Isabella zu vermählen,

---

*   Erzherzogin Gisela, 1856–1932, ältere Schwester Marie Valeries
** Die 36-jährige Stephanie ehelichte den ungarischen Grafen Elemér Lónyay, was zur Folge hatte, dass sie den Titel einer Kronprinzessin-Witwe zurücklegen musste und nicht mehr der kaiserlichen Familie angehörte. Viele Mitglieder des Hofs waren empört, auch ihre Tochter Elisabeth stellte sich gegen diese Heirat.

was Papa durchaus nicht gestatten will. So krachen die alten Institutionen aus allen Fugen. ›Pflichtvergessenheit der jungen Generation‹, wie Papa sagt.«

Bei einem Familiendiner am 1. Jänner 1900 wird auf die Jahrhundertwende angestoßen. Franz Joseph hält eine kurze Rede, Erzherzog Franz Ferdinand schweigt, was die Anwesenden als unpassend empfinden. Allgemeine Aufmerksamkeit findet, dass der Kaiser nicht dem Thronfolger zuprostet, sondern dem »kleinen Karl«*, denn »obwohl Papa nichts dazu sagte, lag doch deutlich in diesem stummen Gruß: ›Dir gehört ja das kommende Jahrhundert und die Frucht all meiner Arbeit und Sorge. Gott segne Dich!‹«

29. Juni 1900. »Papa hat also nach vielen Kämpfen doch nachgegeben und in die Heirat Franz Ferdinands mit der Gräfin Sophie Chotek eingewilligt, unter der Bedingung, dass es eine ›morganatische Ehe‹ und die Kinder unbedingt von jedem Recht auf Thronfolge ausgeschlossen seien. Über Letzteres hat Franz Ferdinand vor der versammelten kaiserlichen Familie und den Ministern einen feierlichen Eid abgelegt, der ihn wohl binden muss, wenn er nur halbwegs ein rechtschaffner Mensch ist.«

Doch gerade das bezweifelt Marie Valerie: »Hat es die Weltgeschichte nicht schon oft genug gezeigt, dass die heiligsten Eide gebrochen wurden? ... Aber selbst wenn er (Franz Ferdinand, Anm.) den Schwur hält – hat er denn nicht bedacht, welch furchtbar schweren Verhältnissen er auch ohne diese Heirat entgegengeht? Durch dieselbe ... verliert er die Achtung so Vieler, die am Althergebrachten hängen, macht seine Stellung in den Augen Vieler unmöglich. Eine sehr ernste Sache, ja gerade das Einzige, was noch fehlte,

---

* Der spätere Kaiser Karl I. war damals zwölf Jahre alt.

um den Fortbestand Österreichs und der Dynastie unmöglich zu machen.«

Einmal mehr erinnert sich Valerie an die Worte ihres Bruders Rudolf: »Wenn Papa einmal die Augen schließt, wird es in Österreich sehr ungemütlich ...«

Franz Josephs siebzigster Geburtstag am 18. August 1900 bietet keinen Grund zum Feiern, im Gegenteil, es ist ein schwarzer Tag für den Kaiser, denn es ist der Tag des Abschieds von Katharina Schratt »auf Nimmerwiedersehen«, wie er es in völliger Verzweiflung seiner Tochter Marie Valerie gegenüber ausdrückt. Tatsächlich möchte die Schauspielerin ihre Beziehung zum Monarchen beenden. Die Entfremdung begann damit, dass ihr der Burgtheaterdirektor Paul Schlenther keine akzeptablen Rollen anbot, worauf sie ihre Kündigung einreichte. Dieser Schritt war jedoch nicht ernst gemeint, die Schauspielerin erhoffte sich vielmehr, mit dieser »Drohung« beim Direktor ihre Forderung nach besseren Rollen durchzusetzen. Der Kaiser, der sich in seiner grenzenlosen Naivität nicht vorstellen konnte, dass seine langjährige Vertraute ein taktisches Spiel trieb, nahm die Kündigung als höchste Instanz des Hoftheaters an.

Die Schratt macht daraufhin »Schluss« mit dem Kaiser und begibt sich auf Weltreise, die sie nach Italien, Deutschland, die Schweiz, England, Südamerika und die Kanarischen Inseln führt und ihn vereinsamen lässt. Der Name Schratt fällt im Tagebuch als »offene Wunde« und Franz Joseph meidet das Burgtheater, seit die geliebte Frau dort nicht mehr auftritt.

Am 1. Juli 1900 hat Erzherzog Franz Ferdinand mit Einwilligung des Kaisers die Gräfin Sophie Chotek geheiratet, die jetzt den Titel einer Fürstin Hohenberg trägt, aber bei Hof nach wie vor geschnitten wird. Wie überaltert das Hofzeremoniell ist, zeigt die Tagebucheintragung vom 20. Jänner 1901, an dem das frisch vermählte Paar Franz Ferdinands Cousine Marie Valerie und deren Familie besucht: »Sie machen einen sehr glücklichen Eindruck«, notiert die Tochter des Kaisers. »Wir müssen uns in dieser Sache natürlich ganz nach Papas Wünschen halten, sagten also der ›Fürstin Hohenberg‹ auch nicht ›Du‹.« Valerie gefällt das gar nicht: »Niemand begrüßt mehr als ich das Brechen mit Vorurteilen, schon im Hinblick auf unsere Kinder.«

24. März 1901. »Papa gedrückt. Schratt wieder in Wien, will ihn aber nicht sehen.« Doch am 10. Juni desselben Jahres freut sich der Kaiser wie ein kleines Kind. Er trifft die Schauspielerin durch Zufall auf der Straße, kommt mit ihr ins Gespräch. Eine Woche später lässt sie ihm durch einen Boten mitteilen, dass sie ihn in der Gloriettegasse erwarte. Was Marie Valerie ihrem Tagebuch verschweigt: Im sommerlichen Bad Ischl kommt es nach einjähriger Pause zur völligen Versöhnung, das Verhältnis ist wieder das alte. Man vermutet, dass der Monarch die stets in Geldnot befindliche Schauspielerin durch finanzielle Zuwendungen und großzügige Geschenke zurückerobern konnte.

Auch Kronprinz Rudolfs achtzehnjährige Tochter plant eine »nicht ebenbürtige« Ehe: Erzherzogin Erzsi hat sich in den Kopf gesetzt, den Prinzen Otto Windisch-Graetz zu heiraten. Der Kaiser erklärt sich nach längerem Zögern einverstanden, aber Stephanie ist »sehr böse, verweigert ihre Einwilligung«. Noch vor der Hochzeit am 19. Jänner 1902 fragt sich Marie Valerie, ob das »in so furchtbaren unnatürlichen Verhältnissen aufgewachsene Kind überhaupt die Fähigkeit besitzt, dauernd glücklich zu werden und glücklich zu machen«. Acht Jahre später finden sich in demselben Tagebuch die Worte: »Traurig genug, dass Erzsis Ehe gar nicht das geworden ist,

Marie Valerie musste mit der Frau ihres Cousins per Sie sein: Erzherzog Franz Ferdinand mit Ehefrau Sophie

was sie davon erwartete – aber gewiss nicht durch seine Schuld. Sie ist eben ein ganz unerzogenes Kind geblieben, ein haltloser Charakter, der sich nicht abzufinden weiß mit den Schwierigkeiten und Enttäuschungen, die das Leben für jeden und besonders für ein leidenschaftlich glücksuchendes Herz bringt.«

Im Juni 1903 hält sich Marie Valerie mit vier ihrer Kinder in Wien auf, wo es zu einem Zwischenfall kommt, der in den Geschichtsbüchern keine Erwähnung findet, er endet ja auch harmlos: »Papas gestrige Rückfahrt aus der Stadt nach Schönbrunn. Ein Attentat, Gott sei Dank war es nur ein Narr, der mit erhobenem Spazierstock schreiend auf Papas Wagen zulief, ohne irgendetwas zu tun. Die Leute fielen über ihn her, Extrablätter wurden ausgegeben.« Als es Ende Juli zu politischen Unruhen in Ungarn kommt, schreibt Valerie: »Nur das möge Gott verhüten, dass Papa den Zusammenbruch noch selbst erlebt!«

Anfang Juli 1906 trifft Marie Valerie in Bad Ischl Frankreichs achtzigjährige Exkaiserin Eugénie. »Mit großer Liebe und Verehrung sprach sie von Mama, der sie ja die letzten Jahre wiederholt in Cap Martin begegnet war ... Sie erzählte mir eine Äußerung, die Mama den Tag vor ihrem Tode jener Baronin Rothschild gemacht, die sie bei Genf besuchte ... Ihren Wunsch, die Seele möchte wie durch ein kleines Loch dem Körper und all dessen Elend entfliehen können. ... 24 Stunden später war dieser Wunsch wörtlich erfüllt.«

Ein Jahr später wird im Wiener Volksgarten ein Denkmal für die verewigte Kaiserin enthüllt. Während Franz Joseph die Veranstaltung »gemütlich« findet, weil sich das Hofzeremoniell in Grenzen hält, erkennt Marie Valerie an dem Denkmal »nicht eine Spur von Ähnlichkeit« mit dem geliebten Original. »Hübsch war der Zug vieler kleiner Mädchen in griechischen Gewändern, die nach der Enthüllung blumenstreuend am Denkmal vorbeizogen.« Danach großes Familiendiner in Schönbrunn.

Im Oktober 1907 ist der 77-jährige Kaiser zum ersten Mal in seinem Leben ernstlich krank. »Ich fand ihn recht unwohl an beginnendem Bronchialkatarrh, sehr gedrückt. ... durch Kerzl* sehr beunruhigende Berichte über Papa. Influenza, Fieber bis 39, Gefahr einer Lungenentzündung. Meine Anfrage, ob ich kommen solle, wies Papa mehrmals energisch ab. ... Wer hätte den Mut, rechtzeitig vom Empfang der heiligen Sakramente zu sprechen?« Die treusorgende Tochter reist unter dem Vorwand eines Zahnarztbesuches dennoch an und »fand ihn unentwegt nie später als 5 bis 6 Uhr aufstehend, sehr schlecht aussehend, sehr deprimiert. Nach wenigen Minuten schickte er mich fort, da er fürchtet, doch zu sprechen und so zu ermüden. Kerzl und Graf Paar** sahen noch sehr schwarz.« Am 21. Oktober ist die Gefahr gebannt, »Papa erholt sich dank seiner gottbegnadet kräftigen Natur«. Dennoch feiert er Weihnachten aus Gründen der Rekonvaleszenz nicht wie sonst bei seiner Tochter und den Enkeln in Wallsee, sondern in Schönbrunn.

Auf den Tag genau zwölf Jahre nach dem Tod ihrer Mutter fährt Marie Valerie mit ihrer ältesten Tochter Ella nach Genf. 10. September 1910: »Gang den Quai Montblanc entlang. Wie weh tut es, dass kein Kreuzchen, keinerlei Erinnerungszeichen die Stelle bezeichnet, jenen Baum an der Ecke gegenüber dem Hotel (*Beau-Rivage*, Anm.). Von da bis zur Haltestelle, wo damals das Schiff *Genève* stand, zählte ich mehr als 50 Schritte. Mittags ließ man uns auch die beiden von

---

*   Joseph Kerzl, 1841–1919, kaiserlicher Hofarzt
**   Eduard Graf Paar, 1837–1919, Generaladjutant Kaiser Franz Josephs

Mama bewohnten Zimmer sehen, die ja auch ... durch kein Zeichen geheiligt sind. Wie gerne wäre ich niedergekniet an der Stelle, wo das Bett und wo der Sarg gestanden! Der Hotelier stand schweigend hinter uns – ich weiß nicht, ob er ahnte, wer wir seien. Nach einer Seefahrt zurückgekehrt, sah ich an einem der Landungsplätze die *Genève* liegen, und hineilend gelang es uns auch, dies ereignisschmerzliche Schiff zu besichtigen, auf dem sie die letzten Worte gesprochen.«

Noch spielt der 23-jährige Erzherzog Karl in der Rangordnung des Hauses Habsburg keine bedeutende Rolle – zumal sein Onkel Franz Ferdinand in der Thronfolge ganz vorne steht. Und doch ist Karls Hochzeit mit der neunzehnjährigen Zita von Bourbon-Parma am 21. Oktober 1911 im Schloss Schwarzau »ein interessantes Fest mit interessanter Zusammenstellung von Menschen«. Auffallend ist, dass Zitas Bruder Sixtus Annäherung an Marie Valeries Tochter Ella sucht. Doch die ist zu diesem Zeitpunkt bereits an den Grafen Georg von Waldburg zu Zeil und Hohenems vergeben, den sie im Jahr darauf auch heiraten wird. Marie Valerie muss der Herzogin Maria Antonia von Parma also ausrichten, dass ihr Sohn Sixtus »bestimmt keine Aussicht« habe, ihr Besuch aber immer willkommen sei. Nachsatz im Tagebuch: »Schon wegen Hedwig (Valeries zweitältester Tochter, Anm.) muss ich doch trachten, alle Beziehungen, gegen die nichts einzuwenden ist, aufrechtzuerhalten.« Jedoch aus diesem Ehearrangement wird nichts.

Dass seine Enkelin, Erzherzogin Ella, im September 1912 einen Grafen heiraten darf, zeigt, dass der Kaiser gegen Ende seines Lebens wesentlich milder gestimmt ist als in früheren Jahren, was er laut Valeries Tagebuch damit begründet, »dass es heutzutage wirklich sehr schwer sei, einen passenden Prinzen zu finden«.

Ab dem Punkt, da das Tagebuch der Erzherzogin Marie Valerie endet, hat der Kaiser noch vier Jahre zu leben. Er wird in dieser Zeit einen Krieg erklären, ohne seinen Ausgang zu erfahren. Dieser Krieg wird all das zerstören, wofür Franz Joseph 68 Jahre lang gekämpft und gearbeitet hat. Eine schreckliche Bilanz für einen Mann, der alles gegeben hat, was er zu geben imstande war.

Quellenverzeichnis

Kenneth Anger, *Hollywood Babylon*, München 1975/1985.

David Axmann, *Friedrich Torberg, Die Biographie*, München 2008.

Heinrich Baltazzi-Scharschmid, Hermann Swistun, *Die Familien Baltazzi-Vetsera im kaiserlichen Wien*, Wien-Köln-Graz 1980.

Charles Chaplin, *Die Geschichte meines Lebens*, Frankfurt/Main 1964.

Egon Caesar Conte Corti, *Die Kaiserin, Anekdoten um Maria Theresia*, Berlin 1940.

Egon Caesar Conte Corti, Hans Sokol, *Franz Joseph, Im Abendglanz einer Epoche*, Graz-Wien-Köln 1990.

Robert Dallek, *John F. Kennedy, Ein unvollendetes Leben*, München 2003.

Valentin Fuchs, *Die Hinrichtung Hugo Bettauers, Zur Aufarbeitung eines rechtsextremen politischen Attentats*, Wien 2022.

Fürstin Nora Fugger, *Im Glanz der Kaiserzeit*, Wien 1980.

Herbert O. Glattauer, *Menschen hinter großen Namen, Berühmte Österreicher, die Sie kennen sollten*, Salzburg 1977.

Dietmar Grieser, *Verborgener Ruhm, Österreichs heimliche Genies*, Wien 2004.

Gernot Gruber, *Mozart und die Nachwelt*, München 1987.

Karl Gutkas, *Kaiser Joseph II., Eine Biographie*, Wien-Darmstadt 1989.

Ingrid Haffner, Herbert Haffner, *Immer nur lächeln …, Das Franz Lehár-Buch*, Berlin 1998.

Brigitte Hamann, *Elisabeth, Kaiserin wider Willen*, Wien-München 1982.

Brigitte Hamann (Hrsg.), *Meine liebe, gute Freundin!, Die Briefe Kaiser Franz Josephs an Katharina Schratt*, Wien 1992.

Alma Hannig, Martina Winkelhofer-Thyri (Hrsg.), *Die Familie Hohenlohe, Eine europäische Dynastie im 19. und 20. Jahrhundert*, Köln-Weimar-Wien 2013.

Regina Jankowitsch, Annie Rüdegger-Rosar, *Die Schauspielerin Annie Rosar (1888–1963), Geschichte einer Überlebenskünstlerin*, Wien 2022.

Jacqueline Kennedy, *Gespräche über ein Leben mit John F. Kennedy, Interviews mit Arthur M. Schlesinger Jr. 1964*, Hamburg 2011.

Hans Lentze, *Leo Graf Thun-Hohenstein (1811–1888)*, in: *Neue österreichische Biographie ab 1815, Große Österreicher, Band XV*, Wien-München-Zürich 1963.

Georg Markus, *Hans Moser, Ich trag im Herzen drin ein Stück vom alten Wien*, Wien-München 1980.

Georg Markus, *Katharina Schratt, Die heimliche Frau des Kaisers*, Wien-München 1982.

Werner Ogris, *Mozart im Familien- und Erbrecht seiner Zeit, Verlöbnis, Heirat, Verlassenschaft*, Wien-Köln-Weimar 1999.

Franz Olah, *Die Erinnerungen*, Wien-München-Berlin 1995.

Kurt Palm, *Ein Pass für einen Totentanz*, in: *Der Standard*, 28. April 2020.

Eleonore Rodler, *Franz Bueb, RETROspektive*, Berndorf 2014.

Franz Rutte, *Das Leben und Wirken der großen Kaiserin Maria Theresia*, Wien 1888.

Johannes Sachslehner, *Napoleon in Wien, Fakten und Legenden*, Wien 2008.

Martha und Horst Schad (Hrsg.), *Marie Valérie, Das Tagebuch der Lieblingstochter von Kaiserin Elisabeth von Österreich*, München 1998.

Irmgard Schiel, *Stephanie, Kronprinzessin im Schatten von Mayerling*, Stuttgart 1978.

Friedrich Schreyvogl, *Ein Jahrhundert zu früh, Das Schicksal Josephs II.*, Wien-Berlin-Stuttgart 1964.

Richard Sexau (1882–1962), *Nachlass, Abschriften des Tagebuchs von Erzherzogin Marie Valerie von Österreich*, Auszüge 1899–1912, Bayerische Staatsbibliothek, München (Ana 346.B.I.6.a).

Brigitte Sokop, *Jene Gräfin Larisch, Marie Louise Gräfin Larisch-Wallersee, Vertraute der Kaiserin, Verfemte nach Mayerling*, Wien-Köln-Graz 1985.

Gisbert Spiegelfeld, *Mein Stammbaum steht in Österreich, Erzähltes und Erlebtes*, Graz 1987.

Michael Stern, *Es kann nicht immer Freispruch sein*, Wien 1981.

Friedrich Torberg, *Die Tante Jolesch oder Der Untergang des Abendlandes in Anekdoten*, Wien-München 1978.

Ernst Trost, *Figl von Österreich, Das Leben des ersten Kanzlers der Zweiten Republik*, Wien-München 1992.

Henry Vallotton, *Maria Theresia, Die Frau, die ein Weltreich regierte*, Wien-München 1991.

Friedhelm Volbach, *Das Liebesdrama von Raabs*, in: *Das neue Blatt*, Hamburg 1969.

Senta Ziegler, *Österreichs First Ladies, Von Luise Renner bis Margot Klestil-Löffler*, Wien 1999.

Bildnachweis

Archiv Familie Kiss (20, 22 links, 24), Krziwanek, Rudolf/ÖNB-Bildarchiv/ picturedesk.com (22 rechts), Amalthea Verlag/Martina Berger (25, 29), Archiv Amalthea Verlag (34, 45, 60, 62, 99, 123, 133, 166 links, 207, 209, 212, 267), Daffinger, Moritz Michael/ÖNB-Bildarchiv/picturedesk.com (35), mauritius images/VM/BT/Alamy/Alamy Stock Photos (39), Angerer, Ludwig/ÖNB-Bildarchiv/picturedesk.com (50), Wikimedia Commons (54), Archiv Familie Spiegelfeld (55), ANNO/Österreichische Nationalbibliothek (57, 101), Archiv Familie Rosar (67), United Archives/United Archives/ picturedesk.com (69), Snap/Shutterstock (77), mauritius images/TopFoto (78), Stephan Boroviczeny (81), Kreisky-Archiv (85), Herbert Pfarrhofer/ APA/picturedesk.com (87), Bundesministerium für Finanzen/Bernhard Hradil (94/95), Fenichel, Max (1885–1942)/ÖNB-Bildarchiv/picturedesk. com (98), ÖNB-Bildarchiv/picturedesk.com (105, 148), R. Jäger/APA-Archiv/picturedesk.com (109), Votava/brandstaetter images/picturedesk. com (117), Österreichisches Staatsarchiv/Haus-, Hof- und Staatsarchiv (129), Photo Ellinger/ASF/brandstätter images/picturedesk.com (141), Privatarchiv Familie Moser (153), Archiv Marcel Prawy (157), Ullstein Bild/picturedesk.com (163), dpa Picture Alliance/picturedesk.com (166 rechts), Nachlass Franz Bueb (171, 175, 176, 177, 179), Austrian Archives/brandstaetter images/picturedesk.com (185, 225), Archiv Hans Rosenthal (188), mauritius images/World Book Inc. (193), Jewish Voice From Germany/dpa/picturedesk.com (196), akg-images/picturedesk.com (198, 244), ullstein bild/Ullstein Bild/picturedesk.com (200), Friedrich/ Interfoto/picturedesk.com (203), Samuel H. Kress Collection/Courtesy National Gallery of Art, Washington (211), mauritius images/History and Art Collection/Alamy/Alamy Stock Photos (215), Library of Congress/

Namenregister

Affären, Schicksale, Glücksmomente …

… sind es, bei denen die Menschheit den Atem anhält. Bestsellerautor Georg Markus hat für sein neues Buch in den Spiegel der Geschichte geblickt und zahlreiche spannende wie bewegende Entdeckungen gemacht. So erzählt er von einer bisher unbekannten Lovestory des reifen Franz Lehár, von Kaiserin Elisabeths geheimen Tagebüchern und von jenem Erzherzog, der aufbrach, um in Hollywood Karriere zu machen. Diese und zahlreiche andere Miniaturen aus Österreich und der Welt bieten ein charmantes, rundum gelungenes Lesevergnügen.

Aus dem Inhalt:
Habsburgs König der Ukraine
Das Testament des Walzerkönigs Johann Strauss
Hofmannsthals Verwandtschaft mit dem englischen Königshaus
Als Charlie Chaplin nicht in die USA einreisen durfte
Eine Baronin überlebt den Ringtheaterbrand
Der chinesische Minister aus Wöllersdorf
Anna Demels doppelte Hochzeit
Der Frauenmörder von Paris
Eine Begegnung mit König Charles
und viele andere

Georg Markus

Im Spiegel der Geschichte

Was berühmte Menschen erlebten

304 Seiten, mit zahlreichen Abbildungen
ISBN 978-3-99050-234-1
eISBN 978-3-903441-02-6

Amalthea   amalthea.at

Was einmal war

Die Vergangenheit ist in kaum einem Land so gegenwärtig wie in Österreich – nicht zuletzt dank Georg Markus, der stets neue und ungewöhnliche, dramatische wie kuriose Geschichten zutage fördert. Er hat das Testament Kaiser Franz Josephs ausgegraben und veröffentlicht zum ersten Mal die Briefkorrespondenz der ersten Frau Helmut Qualtingers, die darin spannende Details aus dem Leben des genialen Kabarettisten preisgibt. Weiters erzählt der Bestsellerautor von Zeitzeugen wie Kurt Schuschnigg jun., Filmstar Liane Haid oder Gustav Klimts Schwiegertochter.

In seinem neuesten Wurf vereint Georg Markus Ur-Österreichisches mit Themen und Menschen, die die Welt bewegten – zwischen den Zeiten ebenso wie heute.

Aus dem Inhalt:
Das Testament des Kaisers
Keine zweite Frau für Franz Joseph
Die Erzherzogin, die ihre Schwägerin liebte
Mord im Wiener Konzerthaus
Seine Majestät, der Hauswart
Wie die Deutschen zu Piefkes wurden
Die Könige vom Traunsee
Die größte Witzesammlung der Welt
Das Geheimnis der Stradivari
Wohnen in Lehárs Schlössl
Qualtinger intim
und viele andere

Georg Markus

Zwischen den Zeiten

Momente, die Geschichte schrieben

304 Seiten, mit zahlreichen Abbildungen
ISBN 978-3-99050-211-2
eISBN 978-3-903217-80-5

Amalthea   amalthea.at